W0184532

La malédiction du vainqueur

Du même auteur
aux Éditions de l'Observatoire

Les Désillusions de la liberté, 2017.
L'Aube des idoles, 2019.
De l'esprit de servitude au XXIe siècle, 2021.
Tous notés ! 2023.

Pierre Bentata

La malédiction du vainqueur

Pourquoi croyons-nous que l'Occident est décadent ?

Éditions de L'Observatoire

ISBN : 979-10-329-3363-3
Dépôt légal : 2025, janvier
© Éditions de l'Observatoire/Humensis, 2024
170 *bis*, boulevard du Montparnasse, 75014 Paris

À Thomas, Jeanne et Karin.
Aux amoureux des valeurs de l'Occident,
où qu'ils vivent.

« Si la plus grande partie du monde dans lequel ils vivent est caractérisée par des démocraties libérales prospères et pacifiques, alors ils se battront contre cette paix et cette prospérité, et contre la démocratie. »

Francis Fukuyama, *La Fin de l'histoire et le Dernier Homme*

« Il faut toujours dire ce que l'on voit. Surtout il faut toujours, ce qui est plus difficile, voir ce que l'on voit. »

Charles Péguy, *Notre jeunesse*

Avertissement aux lecteurs

Afin de prévenir toute désillusion, il n'est pas inutile d'alerter le curieux qui s'apprête à tourner ces pages.

En dépit de son sujet – l'Occident aujourd'hui et son prétendu déclin –, il ne trouvera dans cet ouvrage aucune théorie suprémaciste ou racialiste ; rien qui vienne enrichir un argumentaire nationaliste ou fasciste. Le terme « Occident » recouvre ici son acception originelle, libérale et humaniste, en totale contradiction avec les thèses défendues par les mouvances extrémistes qui s'en réclament. Que le radical s'épargne une lecture qu'il trouvera fastidieuse et passe son chemin ; à moins qu'il soit déterminé à penser contre lui-même.

Au féru d'histoire et d'essais sur l'Occident, qu'il soit amateur de Raymond Aron, Karl Popper ou Friedrich Hayek, Hannah Arendt ou Francis Fukuyama, David Landes ou Deirdre

McCloskey, une mise en garde : ces derniers ont déjà tout dit de la mécanique des démocraties libérales et de leur intime relation aux principes de liberté, d'égalité et de dignité. Qu'il ne s'attende donc pas à une innovation intellectuelle fondamentale sur ces points. S'il a lu ces auteurs, il le sait, l'enjeu est ailleurs.

Enfin on pardonnera à l'auteur épris d'Occident ce que le primesautier prendrait pour une coquetterie. Une civilisation étant une culture et des conteurs, il a paru judicieux de donner autant que possible la parole aux œuvres littéraires.

Avant-propos

Rien de plus suspect qu'un propos qui en appelle au sens commun. Qu'un argument se conclue par « c'est évident » ou « il suffit de regarder autour de soi » devrait se voir opposer un haussement de sourcil circonspect. À plus forte raison quand il vient flatter quelques passions tristes au premier rang desquelles un certain ressentiment à l'égard de l'époque, des autres, du *système*, ou de toute autre chose qui permettrait d'un peu se dédouaner de ses propres turpitudes.

Or, s'il y a bien une sentence définitive que nul ne remet en question, c'est le déclin de l'Occident. Et il suffit de questionner celui qui le clame pour se voir opposer cette fameuse rhétorique qui consiste à ne rien dire de plus si ce n'est qu'il s'agit là d'une conclusion d'une banalité telle qu'elle n'a pas besoin d'être étayée autrement que par le bon sens. Aussi, selon l'orientation politique de son auteur, on aura droit à « L'Occident disparaît, il suffit de prendre le métro ou de se promener dans les rues pour le constater ! » (version extrême droite) ou à « L'Occident s'effondre, c'est évident. Regardez la croissance chinoise ou l'armée russe » (pour l'admirateur des autoritaires), voire à « L'avenir est ailleurs, loin des échecs du capitalisme et de la démocratie libérale » (version gauche tiers-mondiste). Quelle que soit la formule, l'argument se veut si évident qu'il en devient absent.

Pourtant, à l'appui d'une conclusion si radicale qu'elle sonne le glas d'une civilisation, on serait en droit d'attendre quelques précisions. Et d'éclater de rire avant de passer son chemin si son auteur se montrait incapable d'en fournir des preuves tangibles. Malheureusement, à en juger par les récents succès d'essais entérinant la mort de l'Occident, rares sont ceux qui s'autorisent un tel laisser-aller. La plupart écoutent doctement les interviews, acquiescent et achètent le livre pour sinon le lire, du moins le mettre en évidence sur l'étagère. Histoire de montrer qu'eux aussi ne sont pas dupes et savent que tout va mal…

Pour l'agnostique qui ne se fait pas une religion d'une simple affirmation, l'affaire mérite investigation. Avant d'en prononcer l'éloge funèbre, ne devrait-on pas prendre le pouls du malade ? Car, après tout, cette civilisation ne peut avoir tout à fait rendu l'âme, sans quoi on aurait cessé de prophétiser sa fin et acté la date et l'heure du décès. Ce faisant, on découvrirait que, loin des idées reçues, l'Occident n'a rien de moribond, sauf à considérer que le bonheur et la prospérité d'un peuple n'informent en rien sur sa vitalité. Mieux encore, il deviendrait indéniable que, à l'opposé des discours catastrophistes, l'Occident a déjà triomphé de tous les défis qui se dressaient devant lui.

D'où un mystère à lever : pourquoi l'Occidental est-il si crédule face à l'annonce de sa décadence ? Comment expliquer qu'il adhère à une chimère qui le dessert ? Et que pour toute révolte, il s'engage dans la voie qui pourrait bien causer sa perte ? Par culpabilité ? *L'Occident se serait construit sur la négation des principes qu'il défend aujourd'hui.* Par relativisme ? *Toutes les organisations humaines se valent puisque tous les hommes sont égaux, alors à quoi bon défendre un mode de vie plutôt qu'un autre ?* Par dépit ? *Puisque les démocraties libérales ne sont pas les perfections qu'on imaginait, précipitons leur fin et recommençons à zéro.* Et si cet étrange défaitisme venait d'ailleurs ; de cette immense responsabilité qu'il incombe à des hommes libres et égaux de porter un espoir pour ceux qui ne le sont pas ?

Autant de questions qui méritaient un diagnostic approfondi allant au-delà des fausses évidences. C'est l'ambition de cet hommage en forme d'ouvrage à cet endroit particulier où l'on peut tout dire et tout penser.

Première partie

L'illusion de la défaite
L'Occident a déjà triomphé

La Reine.

Pourquoi vos yeux sont-ils fixés dans le vide,
et échangez-vous des paroles avec l'air
impalpable ? [...]

Hamlet.

Ne voyez-vous rien là ?

La Reine.

Rien du tout ; et pourtant je vois
tout ce qui est ici.

William Shakespeare, *Hamlet*, Scène XI

L'Occident serait donc mort ou en passe de l'être. Les augures sont formels ; du moins si l'on en croit les prophètes qui s'en font les interprètes. Dont acte. Reste une question en suspens. Comment se matérialise son décès ? Question plus sérieuse qu'il n'y paraît. Car l'Occident est avant tout un idéal d'émancipation qui se manifeste au travers d'une organisation : la démocratie libérale. Or celle-ci survit et surpasse en tout point les sociétés qui lui font face.

Étrange défaite que celle d'un concept qui est sans effet sur son objet. Face à ce paradoxe, mieux vaut renverser la logique ; partir des faits pour remonter jusqu'à l'idée. Et accepter la conclusion qui contrarie l'intuition : loin d'être moribond, l'Occident a déjà triomphé. Reste à savoir pourquoi, en dépit des évidences, l'Occidental reste incrédule.

1

Malaise dans la culture

L'Occident n'en finit pas de finir. Voilà qui a de quoi étonner. Surtout s'il l'on ajoute à cela que personne ne sait le définir. Or un effondrement s'opère dans une histoire et une géographie. Avant de le condamner, il faut donc lui redonner une identité. Délimiter l'Occident dans l'espace et le temps ? Pas vraiment, plutôt à travers une éthique : celle de la liberté.

Une civilisation de la peur

« Ça va mal » est devenu le credo de l'Occidental. Il suffit pour s'en convaincre de regarder les émissions qui marchent ou les experts qui buzzent. Évidemment, les chaînes d'information continue et les réseaux sociaux portent une certaine responsabilité dans l'épidémie de déclinisme ; on ne captive pas le spectateur ou le *follower* avec des bonnes nouvelles. Seul le déprimant fait événement. D'autant plus que le personnel politique s'est plié aux exigences des nouvelles techniques de communication. Désormais, l'action publique se légitime par l'imminence d'une catastrophe tandis que l'opposition survit en suscitant le conflit. Puisqu'il faut s'indigner ou inquiéter pour exister, le politique est polémique. Rien ne fait plus consensus, et l'adversaire doit être dépeint sous les traits d'un inquiétant fossoyeur des valeurs républicaines. Dans l'isoloir, l'électeur n'a plus qu'à choisir celui qui fait le moins peur.

La peur, objet marketing

Cet écosystème, parfaitement décrit et analysé par Nicolas Bouzou dans *La Civilisation de la peur*, joue un rôle indéniable dans le malaise actuel. Et l'on gagnerait à se souvenir que ces oiseaux de mauvais augure ont un intérêt, financier, intellectuel ou politique, à noircir le tableau. Reste que le sentiment du déclin ne se réduit pas à l'interaction des réseaux, de l'information continue et des nouvelles stratégies politiques. Le cocktail *social network*, *live* et *spin doctor* est un facteur aggravant, mais le malaise couvait déjà depuis longtemps. À en croire l'homme de l'art, cela fait au moins un siècle que l'Ouest périclite.

Depuis l'annonce du « déclin de l'Occident » par Oswald Spengler, en 1922, il n'en finit plus de s'effondrer, si bien qu'on serait en droit de se demander si sa chute ne serait pas la plus stable de ses caractéristiques. Toujours est-il qu'après un bref répit – qui a fait le bonheur des baby-boomers – la thèse du philosophe a retrouvé une nouvelle jeunesse et aujourd'hui ses successeurs font florès. Pour avoir du succès et être crédible, il faut et il suffit d'adjoindre un qualificatif dépréciatif à l'Occident. La liste est longue et se décline dans toutes les langues. Pour se restreindre au français, et aux ouvrages les plus récents, on trouvera *Mondialisation. Déclin de l'Occident*, *Les Dernières Heures de l'Occident*, *La Haine de l'Occident* et, bien sûr, *La Défaite de l'Occident*. Parfois, le titre est moins évocateur – *Décadence* – ou plus racoleur – *Le Suicide français*. Certains déplorent ce qu'ils présentent comme un constat dépassionné, d'autres s'en félicitent à demi-mot. Mais quelles que soient la forme et l'accroche, un fond commun demeure qui affirme que cette civilisation vit ses dernières heures.

Le pessimisme culturel

Que ces ouvrages répondent au malaise ou qu'ils y participent reste une question en suspens. La relation de causalité est sans doute réciproque. Toujours est-il qu'ils reflètent un état d'esprit, une tendance généralisée dans les populations occidentales. Sur ce point, chaque nouvelle enquête confirme le constat sans appel des précédentes : nulle part dans le monde les gens ne sont plus pessimistes qu'en Europe de l'Ouest et aux États-Unis. Dès 2011, la Fondapol avait sondé le moral de vingt-cinq mille jeunes âgés de seize à vingt-neuf ans dans vingt-cinq pays[1]. Et déjà, en Europe comme aux États-Unis et au Japon, moins d'un tiers estimaient que l'avenir de leur pays serait prometteur. Les pays scandinaves faisaient exception, du moins en apparence, car là-bas les signes de dépression prenaient d'autres formes, souvent plus radicales.

Depuis, la multiplication de ce genre d'études a démontré que le pessimisme n'était pas une affaire générationnelle ni conjoncturelle, mais bien une tendance de fond, qui touche tous les habitants du Vieux Continent, de l'Amérique du Nord et de l'Asie de l'Est – Japon et Corée du Sud – tout en épargnant relativement le reste du monde. L'une des dernières en date pointe même une aggravation du malaise : de part et d'autre de l'Atlantique, près des deux tiers des habitants estiment que le monde va

---

1. Dominique Reynié (dir.), *2011, la jeunesse du monde. Une enquête planétaire de la Fondation pour l'innovation politique*, Fondapol, 2011.

dans la mauvaise direction – moins d'un tiers en Amérique latine ou en Chine[1].

Certes, il ne s'agit que d'enquêtes déclaratives et de sondages. Mais vingt ans de publications qui aboutissent aux mêmes résultats[2], c'est la preuve qu'il y a quelque chose de pourri au royaume d'Occident, une atmosphère morose et obscure qu'on pourrait appeler, reprenant ici le professeur de sociologie politique Oliver Bennett, un « pessimisme culturel[3] ». D'où une interrogation : comment, à l'heure de l'homogénéisation des modes de vie, sous hégémonie américaine diront certains, du tout standardisé et de l'économie globalisée, un groupe pourrait-il se démarquer par un sentiment de déclin ? Après tout, si tous les peuples habitent enfin le même espace et que leurs interactions tendent à créer une culture commune, quel mal pourrait frapper les uns sans toucher les autres ?

1. Open Society Foundations, *Fault Lines : Global Perspectives on a World in Crisis*, 2022.

2. Voir notamment : European Commission, *Public Opinion in the European Union*, 2013 ; Gallup, *Gallup Poll Social Series : Governance*, 2015 ; Catherine E. De Vries & Isabell Hoffmann, *The Optimism Gap : Personal Complacency versus Societal Pessimism in European Public Opinion*, Eupinions, 28 mai 2020 ; Alexandra Cahn & Kiley Hurst, « Americans Are More Pessimistic than Optimistic about Many Aspects of the Country's Future », Pew Research Center, 18 septembre 2023.

3. *Cultural Pessimism : Narratives of Decline in the Postmodern World*, Edinburgh University Press, 2001.

Qu'est-ce que l'Occident ?

Répondre à ces questions, c'est définir les frontières de l'Occident. Tâche plus difficile qu'il n'y paraît à en juger par le soin qu'apportent les annonciateurs du déclin à ne jamais s'y atteler. Que ceux qui proclament sa disparition n'expliquent jamais de quoi ils parlent, cela devrait faire tiquer le sceptique.

Quant aux rares qui osent s'y aventurer, leurs conclusions divergent et se contredisent. Ainsi, dans *Le Choc des civilisations*, Huntington estime que l'Occident se compose de l'Europe, côté ouest, et de l'Amérique du Nord, auxquelles s'ajoutent l'Australie et la Nouvelle-Zélande. Emmanuel Todd y retranche ces dernières, mais ajoute le Japon et la Corée du Sud. Inutile pour autant de jouer l'innocent, chacun sent bien qu'il y a un lien entre ces différents pays. Et au-delà, qu'il y a un centre, les États-Unis, et une origine, l'Europe. Reste à savoir ce qui relie ces pays et les distingue du reste du monde.

Plus qu'une culture

Une chose est sûre, l'ensemble ne se résume pas à une culture commune. Entre le Japon et les États-Unis subsistent d'évidentes différences culturelles. Certes, dans les deux cas, on consomme *avocado toasts* et sushis, mais la coexistence de la cérémonie du thé et des fast-foods dans cet espace aux contours flous traduit la persistance de certains atavismes. Même sur le Vieux Continent, les habitants diffèrent d'un pays à l'autre, et on distingue aisément l'Italien du Suédois, le Français de l'Allemand. Il suffit de les observer à table ou en couple, sans évoquer l'humour, ou l'absence d'humour, de certains. Or, comme l'explique Giambattista Vico, l'un des premiers philosophes de l'histoire et précurseur de la sociologie, dans *La Science nouvelle*, ces traits particuliers sont la matérialisation de façons de percevoir, de penser et d'agir propres à chaque culture. McDo et K-pop ne suffisent pas à définir une culture commune.

Même un lien de filiation direct n'assure pas une transmission culturelle à l'identique. Comme le rappelle Régis Debray dans *Civilisation*, l'Europe et les États-Unis ont beau appartenir à l'Occident, ils n'en forment pas moins deux civilisations distinctes, la seconde ayant succédé à la première lorsque la trinité américaine *espace*, *image*, *bonheur* a remplacé l'européenne *temps*, *écrit*, *drame* comme modèle psychique hégémonique.

Voilà qui permet d'esquisser les contours de l'Occident. Filant la métaphore organique de Spengler, son corps est protéiforme et multi-ethnique ; son esprit transcende les croyances religieuses et traverse les espaces géographiques. Son enveloppe est extensible et mouvante – permettant la cohabitation de cultures et leurs interactions –, mais suffisamment imperméable pour ne pas se diluer dans n'importe quelle communauté humaine. Autrement dit, un ensemble de tissus culturels, patchwork civilisationnel, solidement reliés par une même bobine à la longueur finie.

Définir l'Occident, c'est donc identifier le fil qui assure la jointure entre ces morceaux tout en délimitant les bordures. De quoi est-il fait ? Si ce n'est ni la nourriture, ni la langue, ni même la situation géographique ou la trajectoire historique – on fait difficilement plus éloignés que le Portugal et le Japon et plus concurrents que l'Allemagne et le Royaume-Uni –, que reste-t-il ?

Pour apprécier la nature de ce lien, le fond commun à ces cultures et civilisations disparates, le plus simple est encore de se tourner vers ceux qui les critiquent ; d'opérer par contraste. Qui mieux que les adversaires autoproclamés de l'Occident pour faire fi des petites différences et révéler la cohérence d'ensemble ? Chose assez normale étant donné qu'on n'est jamais mieux défini que par ses ennemis. À les lire et les entendre, l'Occident, c'est le grand capital, le tout-à-l'ego, le consumérisme débridé, le nihilisme, la société des mécréants, la féminisation des hommes, la colonisation, ou, sur le mode binaire, le pain et les jeux, le blasphème et l'irrespect, bref, une société sans foi ni loi, où règne l'individualisme et d'où a déserté le sacré. Autant de mots désagréables pour traduire, en termes plus neutres, une société dont la liberté individuelle est la clé de voûte.

Liberté d'entreprendre, de croire, de s'exprimer, de découvrir pour soi la voie d'un salut particulier, *hic et nunc*, et tout cela, au sein d'hommes et de femmes bénéficiant des mêmes privilèges. Idéal qui ne peut se réaliser sans l'existence de certaines institutions bien spécifiques. Pour que ces libertés existent, il faut d'abord que chacun soit à même de se penser en tant que personne à part entière, ayant sa propre raison d'être, « un *en-soi* et un *pour-soi* », selon les termes de Marcel Gauchet (*La Condition historique*). Ce qui implique un gouvernement par les hommes, à l'opposé de toute hétéronomie ou transcendance de la loi. Une Cité, à laquelle doit s'ajouter un droit qui s'applique à tous, universel et libéré de l'arbitraire. Et, au-delà, une séparation de la justice et de la morale, sans laquelle l'intolérance et le fanatisme ne sont jamais loin. D'où un principe organisateur – la raison – qui se situe au sommet de l'édifice et irrigue toutes les composantes de la vie, publique comme privée.

« *Where liberty dwells, there is the West* »

Dans le traitement des affaires communes, une telle conception aboutit à l'élaboration d'un système permettant à chacun de faire des propositions, à tous de choisir parmi celles-ci lesquelles leur semblent préférables, garantissant l'application des propositions retenues et imposant à ceux qui les ont appliquées d'expliquer leur action. Soit les quatre temps de la démocratie définis par le philosophe Pierre-Henri Tavoillot dans *Comment gouverner un peuple-roi ?* : élections, délibération, décision et reddition des comptes. Quant aux activités privées, elles se déploieront dans un espace décentralisé, laissant à chacun la possibilité de choisir comment subvenir à ses besoins et avec qui s'associer ; système appelé « marché » ou, plus précisément, selon les termes de Friedrich Hayek dans *Droit, législation et liberté*, « ordre catallactique », qui n'a pas d'objectif propre et de cadre fixe, mais se transforme au gré des décisions des participants en quête de la meilleure façon de satisfaire leurs désirs.

Ainsi, avant d'être un espace géographique ou un élément culturel particulier, l'Occident est une façon de penser la personne humaine et sa vie en communauté. Pas un *topos*, mais un *ethos*. Et parce qu'il résulte d'une conception de l'humain comme à la fois universel et particulier, il n'a pas de forme rigide et précise. Pas de contenu donné une fois pour toutes, mais un contenant qui assure une constante évolution et des modalités d'organisation adaptées à un large éventail de cultures et de situations historiques. Raison pour laquelle l'Occident se définit mieux par métonymie : est occidental ce qui s'inscrit dans une démocratie libérale. Celle-ci marquant l'aboutissement d'une quête d'émancipation traversée par une succession de moments philosophiques et juridiques qui serait, en elle-même, la réponse à la question posée par l'historien Philippe Nemo dans le titre de son ouvrage *Qu'est-ce que l'Occident ?*

Plus simple encore, qu'importe le cépage – la culture –, on considèrera le breuvage comme occidental si l'appellation d'origine contrôlée de l'étiquette certifie « état de droit », car ce dernier « serait la marque politique distinctive de l'Occident et de la modernité[1] ». Ou,

1. Danilo MARTUCCELLI, *La Condition sociale moderne. L'avenir d'une inquiétude*, Gallimard, « Folio essais », 2017, p. 592. Concernant l'analyse de Martuccelli, il convient de préciser qu'il commet une erreur, largement répandue, en mettant une majuscule à « état de droit » car il confond ainsi le fait – l'état – que tous soient soumis à la loi avec l'institution – l'État – qui garantit l'indépendance de celle-ci, créant ainsi un pléonasme où État et loi sont identiques, ce qui signifierait que rien n'entraverait l'action légitime de l'État, soit une contradiction avec l'esprit de l'état de droit.

pour singer une phrase attribuée à Benjamin Franklin, parce que « *where liberty dwells, there is the West* ».

La démocratie libérale, maladie de l'Occidental ?

Par un étrange paradoxe, l'Occident serait donc simultanément le lieu de la liberté et du mal-être. Il ne peut s'agir d'une coïncidence, si l'on en croit Norbert Elias qui théorisa, dans *La Dynamique de l'Occident*, l'existence d'une relation étroite entre l'état psychique d'une population et l'évolution du régime politico-économique de la nation. Puisque le pessimisme et la démocratie libérale sont les caractéristiques distinctives de l'Occident, sans doute ont-elles partie liée. Celle-ci étant la cause de celui-là.

Le recul des démocraties

L'hypothèse n'est pas dénuée de fondement si l'on en juge par le recul des démocraties libérales. Jamais depuis la chute du mur de Berlin, qui devait marquer la victoire du libéralisme sur la dernière religion séculière qu'était alors le communisme, la part de la population mondiale vivant dans une démocratie libérale n'a été aussi faible[1]. Alors que près d'une personne sur quatre vit actuellement dans un régime autoritaire, seule une sur dix évolue dans un régime libéral. Entre ces deux extrêmes, la moitié des habitants de la planète connaît un système hybride, sans état de droit ni système absolument démocratique, mais pas totalement dépourvu de libertés.

Bien sûr, distinguer ainsi les régimes comporte une part d'arbitraire et d'incertitude. La démocratie étant un système complexe et multifactoriel, estimer le degré de démocratie dans un pays dépendra du poids qu'on accorde aux différents éléments qui la constituent[2]. D'autant plus que certaines variables essentielles ne se laissent pas aisément capturer par des critères quantitatifs[3]. Comment évaluer l'étendue de la liberté d'expression, de la liberté d'association ou le niveau de protection des minorités ? Même en se restreignant à des éléments chiffrables, la question demeure : faut-il accorder davantage d'importance à la dimension

1. The Economist Intelligence Unit, *Democracy Index 2022*.

2. Sur ce point, voir notamment : Michael Coppedge *et al.*, « Conceptualizing and Measuring Democracy : A New Approach », *Perspectives on Politics*, 9 (2), p. 247-267, 2011 ; Thomas Edward Flores & Irfan Nooruddin, *Elections in Hard Times : Building Stronger Democracies in the 21st Century*, Cambridge University Press, 2016.

3. Iza Ding & Dan Slater, « Democratic Decoupling », *Democratization*, 28 (1), p. 63-80, 2021.

électorale, à l'équilibre des pouvoirs ou à la reddition des comptes ?

C'est le propre de la démocratie libérale, comme de l'esprit occidental, d'être en partie insaisissable. Se quereller sur le nombre exact de démocraties dans le monde ou le moment précis à partir duquel elles se muent en un régime hybride n'a pas d'intérêt. Seule la tendance d'ensemble importe vraiment. Et elle est implacable[1]. Au cours de la dernière décennie, les autocraties « fermées », au sein desquelles le peuple ne choisit ni le dirigeant ni le parti au pouvoir, ont fait des petits, passant de vingt à trente ; des pays comme le Soudan, le Mali, le Laos ou la Thaïlande ayant adopté le modèle en vigueur en Chine et Arabie saoudite. Les autocraties « électorales », qui autorisent les élections multipartis mais restreignent les libertés fondamentales, notamment d'expression et d'association, se sont développées dans soixante pays. Et sur les quatre-vingt-six démocraties restantes, seules trente-quatre respectent désormais un véritable état de droit.

---

1. Les chiffres fournis dans le paragraphe proviennent des études suivantes : Vanessa A. Boese *et al.*, « State of the World 2021 : Autocratization Changing its Nature ? », *Democratization*, 29 (6), p. 983-1013, 2022 ; Vanessa A. Boese *et al.*, « Autocratization Changing Nature ? », *V-Dem Democracy Report*, 2022 ; Kim Lane Scheppele, « How Viktor Orbán Wins », *Journal of Democracy*, 33 (3), p. 45-61, 2022.

Souvent, ce sont les jeunes démocraties qui sont retournées dans le giron autoritaire, qu'on pense seulement à la Bolivie ou au Myanmar. Mais même au sein des plus anciennes et des plus stables, les restrictions se sont multipliées. Dans trente-cinq pays, la liberté d'expression s'est détériorée, dans quarante-sept, l'État a renforcé son contrôle sur les médias, la société civile a été davantage réprimée dans trente-sept pays, et les élections ont été moins démocratiques dans trente pays. Tout cela en dix ans.

Une pulsion suicidaire

Il s'agit là d'un essoufflement *des* démocraties et non d'une attaque *contre* les démocraties. C'est là le point capital, et la preuve que l'état psychologique découle de l'organisation politique. Si ce phénomène était le fait d'une augmentation spectaculaire de coups d'État et d'actions violentes, on pourrait mettre en cause les États autoritaires et les factions ennemies. La menace serait extérieure aux démocraties – celle-ci existe, mais comme on le verra plus tard, elle n'est pas l'élément central. En réalité, l'effritement de la démocratie libérale provient d'abord de l'intérieur. Il est accepté, et parfois réclamé, par une partie de la population occidentale. En témoignent les résultats des dernières élections dans la plupart des pays européens et nord-américains. À quelques exceptions près, les partis antidémocratiques et antilibéraux se sont hissés au rang de principale opposition, lorsqu'ils n'ont pas accédé au pouvoir, notamment en Croatie, Slovaquie, République tchèque ou Pologne, sans évoquer la Hongrie, baptisée « démocratie illibérale » par son dirigeant lui-même.

C'est donc par l'élection, légitimement et en toute transparence, que l'autoritarisme se fait une place dans l'espace démocratique. Comme si les démocraties, sous l'effet d'une pulsion suicidaire ou d'un virus invisible, se grignotaient elles-mêmes.

2

L'introuvable déclin

L'esprit occidental prend chair dans la démocratie libérale. Par conséquent, le malaise de l'un pourrait bien traduire la défaillance de l'autre. Évidemment ! s'écriera l'adepte du prêt-à-penser qui s'informe à la va-vite. À grand renfort de théories critiques, il aura tout loisir d'étayer son diagnostic. Pourtant, à bien y regarder, aucun des arguments avancés ne résiste à l'épreuve des faits. Si malaise il y a, la cause n'est pas celle qu'on croit.

Les diagnostics erronés des antilibéraux

Face à l'autodestruction des démocraties libérales, faut-il abandonner tout espoir et admettre la fin de l'Occident ? C'est en tout cas la position d'un nombre croissant de prophètes de l'apocalypse, souvent auréolés de diplômes et du vernis universitaire qui va bien. À les lire, les causes de l'effondrement des démocraties libérales sont si nombreuses qu'on a l'embarras du choix.

Empoisonnées par l'idéologie libérale dont elles découlent, les démocraties feraient exploser les inégalités (Martin Wolf, *The Crisis of Democratic Capitalism*). Trop universalistes, elles ne pourraient aboutir qu'à une société anomique et violente (Pranab Bardhan, *A World of Insecurity*). Obsédées par la croissance, elles détruiraient leurs propres moyens de subsistance (Nicholas Georgescu-Roegen, *The Entropy Law and the Economic Process*) ou mèneraient à une surpopulation[1] de la planète (Paul Ehrlich, *The Population Bomb*). Impérialistes, parce que capitalistes, elles nourriraient le ressentiment du reste du monde (Pankaj Mishra, *The Age of Anger*). Trop vieilles, elles seraient incapables de rivaliser avec la vitalité des régimes hybrides (James Burnham, *Suicide of the West*).

En filigrane, ce sont toujours les mêmes arguments, vieilles antiennes marxistes ou malthusiennes. Les démocraties ne sont pas exemptes

1. Parmi les grandes peurs de l'époque, la surpopulation est sans doute l'une des plus comiques en raison de son absence totale de fondement. En effet, pour affirmer qu'il y a *sur*population, il faut déterminer la population optimale ou maximale. Or, nul n'est en mesure d'en donner une estimation, ni absolue ni même relative. Par conséquent, on craint d'être trop nombreux, mais on ne sait pas à quoi ce *trop* fait référence.

de contradictions internes indépassables qui devaient tôt ou tard provoquer leur effondrement. L'optimisme d'un Fukuyama, qui, témoin de l'effondrement de l'URSS, s'empressait de théoriser le caractère indépassable de cette organisation et d'en conclure à une « fin de l'histoire », a laissé place au réalisme de Huntington – le fameux « choc des civilisations » cher aux critiques « de droite » – et à la redécouverte de l'analyse conflictuelle des rapports sociaux – chère à tous les autres. Après l'euphorie, place au constat : l'histoire s'est jouée des naïfs de l'Ouest. Elle a fait mine de s'arrêter pour repartir de plus belle. La supériorité technique et morale de la démocratie libérale était une illusion que l'analyse des faits a fini de dissiper. Est-ce vraiment le cas ?

Eh bien non. Ce serait même tout le contraire si l'on se donne la peine d'observer les données ; même celles que les annonciateurs du grand déclin de l'Occident prétendent utiliser à l'appui de leurs arguments. Quel que soit le domaine observé, et quelle que soit la donnée retenue, le résultat est implacable : aucun système ne rivalise avec les démocraties libérales. Évidemment, pour s'en assurer il faudrait reprendre tous les chiffres disponibles, dresser un inventaire à la Prévert ; entreprise aussi fastidieuse que vaine, car l'observateur de mauvaise foi trouvera toujours à redire de la méthode de construction d'un indicateur ou d'un classement. Volontiers tatillon, il trouvera toujours l'exception qui confirme sa thèse et manquera délibérément la tendance générale. Pour les autres, ceux pour qui l'objectivité a encore une valeur, quelques éléments saillants suffiront à les convaincre.

L'endroit le plus prospère au monde

Contrairement à une idée reçue, largement alimentée par les critiques de l'Occident, on ne fait pas plus prospère que les démocraties libérales. Le revenu moyen d'un Européen, en parité de pouvoir d'achat, est trois fois plus élevé que la moyenne mondiale[1]. Japonais et Sud-Coréens sont presque aussi bien lotis. Quant aux Nord-Américains, ils sont six fois plus riches que la moyenne mondiale. Où qu'il vive, l'Occidental consomme deux à trois fois plus qu'ailleurs sur la planète, ce qui signifie qu'après avoir assuré sa survie, il lui reste davantage de ressources pour ses loisirs et son bien-être que ses homologues dans le reste du monde.

La Russie et la Chine, souvent présentées comme des alternatives robustes, ne tiennent pas la comparaison. En dépit d'un produit

1. Les informations relatives aux revenus et à la consommation sont issues des bases de données de la Banque mondiale : World Bank Group, *Adjusted net national income per capita* et *Households and NPISHs final consumption expenditure*.

intérieur brut proche de celui du Canada pour la première et situé au deuxième rang mondial pour la seconde, ces nations n'offrent pas les mêmes niveaux de richesses que l'Occident. Le revenu moyen d'un Russe ou d'un Chinois est quatre fois plus faible que celui d'un Français. La raison de cette relative pauvreté est assez simple : le produit intérieur brut de la Russie est majoritairement composé d'exportations de ressources naturelles et de dépenses militaires, les premières finançant les secondes, le tout sous la tutelle de l'État. Sans dynamique interne, et tant que les hommes ne boiront pas de pétrole et ne mangeront pas de boulons, la Russie ne décollera pas. Le cas chinois est différent. Si l'économie du pays s'est rapidement développée, à partir du moment où le pays s'est ouvert au commerce international et a privatisé la plupart des secteurs, la mainmise du Parti reste un frein. L'entrepreneuriat y est toujours trop faible, et la population est sacrifiée par le maintien d'une monnaie dévaluée. Avec sa démographie, ses infrastructures et son niveau d'éducation, la Chine devrait être bien plus riche, et le serait si elle était plus libérale et démocratique.

Confrontés à ces évidences, les critiques de l'Occident formulent deux objections majeures : une telle prospérité s'accompagne d'une croissance des inégalités – *le vice du capitalisme* – et elle est la conséquence encore observable de l'esclavage – *le péché originel.* Ici encore, les thèses ne résistent pas à l'analyse des faits. L'indice de Gini, utilisé pour mesurer les inégalités de revenus, est resté stable au cours des vingt dernières années dans la plupart des pays occidentaux et reste inférieur à celui de pays autoritaires tels que la Chine, la Russie, la Turquie, sans mentionner les pays d'Afrique subsaharienne ou l'Asie du Sud-Est. En France, il a même légèrement baissé. En réalité, parmi les démocraties libérales, seuls les États-Unis ont des inégalités de revenus élevées, mais elles ont été compensées par une croissance des revenus bien plus importante que dans la plupart des pays.

La stabilité des écarts de revenus au niveau local s'accompagne d'une réduction des inégalités globales. Preuve que la stabilité des sociétés occidentales ne se fait pas au détriment du reste du monde. Branko Milanović, l'un des spécialistes de la mesure des revenus, observait en 2016 que, entre 1988 et 2008, les plus pauvres de la planète ainsi que la classe moyenne dans les pays les plus riches n'avaient pas profité de la globalisation, et que par conséquent leurs revenus avaient moins progressé que ceux des habitants des pays émergents et de la classe la plus riche des pays les plus riches[1]. Refaisant la même analyse moins de dix ans plus tard,

---

1. Christoph LAKNER & Branko MILANOVIĆ, « Global Income Distribution : From the Fall of the Berlin Wall to the

il concluait à la plus grande réallocation des ressources mondiales depuis la révolution industrielle, notant que, depuis 2008, la croissance des revenus dans le monde était inversement corrélée au niveau de revenus[1]. Autrement dit, les plus pauvres s'enrichissent plus rapidement que la classe moyenne, qui s'enrichit plus rapidement que les plus riches. Une convergence des revenus s'opère à mesure que les pays s'ouvrent au libre-échange et adoptent une économie de marché. Autant pour le vice inégalitaire du libéralisme.

Quant au tabou de son décollage, il est désormais établi que l'Occident s'est développé non pas grâce, mais en dépit de cette pratique immorale et inhumaine. Dans un article récent du National Bureau of Economic Research, les économistes Richard Hornbeck et Trevon Logan estiment que l'émancipation des esclaves aux États-Unis a généré une augmentation de la productivité qui pourrait être équivalente à celle qui a suivi l'introduction des chemins de fer[2].

Great Recession », *World Bank Economic Review*, 30 (2), p. 203-232, 2016.

1. Branko MILANOVIĆ, « The Three Eras of Global Inequality, 1820-2020 with the Focus on the Past Thirty Years », *World Development*, 177, n° 106516, 2024. Voir aussi : Branko MILANOVIĆ, « The Great Convergence : Global Equality and Its Discontents », *Foreign Affairs*, 102, p. 78-91, 2023.

2. Richard HORNBECK & Trevon LOGAN, « One Giant Leap : Emancipation and Aggregate Economic Gains », *NBER*, WP 31758, 2023.

Analysant l'évolution des coûts de production dans le pays, ils retrouvent les conclusions auxquelles avait abouti Jean-Baptiste Say, titulaire de la première chaire d'économie en France, qui, dès 1828, à propos de l'esclavage dans les Antilles françaises, rappelait aux gouvernants : « Enfin, le régime colonial serait rétabli dans toute sa rigueur, et la culture à coups de fouet plus prospère que jamais, que les intérêts pécuniaires des colons eux-mêmes en prononceraient la fin prochaine [...] Ce sont de faibles calculateurs que ceux qui comptent la force pour tout et l'équité pour rien[1]. »

Pas de prospérité sans équité ni liberté. Voilà pourquoi l'Occident reste l'endroit le plus riche du monde. Si la loi du plus fort et la coercition conféraient un avantage économique, c'est en Asie-Pacifique et dans les États arabes que la prospérité devrait être la plus grande puisque, selon l'Organisation internationale du travail (ILO), ces régions comptent la plus grande proportion d'esclaves modernes[2]. En réalité, l'inverse se produit. Ce qu'ont démontré la politologue Monti Narayan Datta et le spécialiste de l'esclavage moderne Kevin Bales, à partir d'une étude systématique portant sur cent

1. *Cours complet d'économie politique pratique* (1re éd., 1828), p. 118.

2. ILO, *Global Estimates of Modern Slavery : Forced Labour and Forced Marriage*, 2022.

soixante-deux pays : chaque augmentation du travail forcé dans un pays s'accompagne d'une baisse de la croissance et du développement humain[1].

De la richesse à la douceur de vivre

Il n'y a pas à choisir entre richesse et morale. Liberté et prospérité vont de pair. Dans leur sillage, elles charrient tous les autres bienfaits qu'on peut attendre d'une société. Au risque de surprendre le partisan du déclin, ce constat fait l'objet d'un vaste consensus et a été largement éprouvé.

Quel que soit l'indicateur retenu, dans tous les domaines la démocratie libérale s'impose comme le meilleur des systèmes. Plus efficace sur le plan économique, elle favorise la croissance et réduit la pauvreté bien mieux que les régimes autoritaires, phénomène mis en évidence notamment par Daron Acemoğlu (Nobel d'économie 2024) ou encore Rohini Pande, chercheurs comptant parmi les plus fins analystes du développement économique[2]. Les citoyens y

1. Monti Naryan Datta & Kevin Bales, « Slavery is Bad for Business : Analyzing the Impact of Slavery on National Economies », *Brown Journal of World Affairs*, 19 (2), p. 205-223, 2013.

2. Daron Acemoğlu *et al.*, « Democracy Does Cause Growth », *Journal of Political Economy*, 127 (1), p. 47-100,

bénéficient d'une meilleure éducation[1], incorporant une plus grande population sur une durée plus longue, et profitent de meilleurs services publics[2]. Moins de pauvreté, des gens plus cultivés, et des infrastructures plus développées, autant d'éléments qui favorisent des interactions plus pacifiées[3] et une vie en meilleure santé. Voilà pourquoi la mortalité infantile est deux fois plus faible dans les démocraties libérales que dans les régimes autoritaires, l'espérance de

2019 ; Rohini PANDE, « Can Democracy Work for the Poor ? », *Science*, 369 (6508), p. 1188-1192, 2020.

1. Sirianne DAHLUM & Carl Henrik KNUTSEN, « Do Democracies Provide Better Education ? Revisiting the Democracy-Human Capital Link », *World Development*, 94, p. 186-199, 2017 ; Daron ACEMOĞLU *et al.*, « Democracy, Redistribution, and Inequality », dans *Handbook of Income Distribution* (vol. 2), p. 1885-1966, 2015 ; Robin HARDING & David STASAVAGE, « What Democracy Does (and Doesn't Do) for Basic Services : School Fees, School Inputs, and African Elections », *The Journal of Politics*, 76 (1), p. 229-245, 2014.

2. Syed Mansoob MURSHED *et al.*, « Fiscal Capacity, Democratic Institutions and Social Welfare Outcomes in Developing Countries », *Defense and Peace Economics*, 33 (3), p. 280-305, 2020 ; Bruce BUENO DE MESQUITA *et al.*, « Political Competition and Economic Growth, *Journal of Democracy*, 12 (1), p. 58-72, 2001.

3. David ALTMAN, Federico ROJAS DE GALARRETA & Francisco URDINEZ, « An Interactive Model of Democratic Peace », *Journal of Peace Research*, 58 (3), p. 384-398, 2020 ; Havard HEGRE, « Gravitating toward War : Preponderance May Pacify, but Power Kills », *Journal of Conflict Resolution*, 52 (4), p. 566-589, 2008.

vie plus élevée, et les maladies cardiovasculaires mieux traitées[1].

Il ressort de ces preuves empiriques une conclusion évidente : l'Occident a peut-être inventé la « malbouffe » et le divertissement à outrance, mais entre un hamburger et un détour par Twitter, l'Occidental se cultive et se soigne mieux qu'ailleurs. Sa vie est plus paisible, ses opportunités plus grandes, et son horizon plus lointain. La douceur de vivre que décrivait Stefan Zweig dans *Le Monde d'hier* à propos du Paris de l'entre-deux-guerres demeure l'apanage de cet endroit privilégié du monde :

« Et pourtant, nulle part ailleurs qu'à Paris on ne pouvait ressentir avec plus de bonheur la légèreté naïve et en même temps si merveilleusement sage de l'existence [...] Chacun d'entre nous, jeunes gens, assimilait une part de légèreté et y ajoutait aussi sa propre part ; Chinois et Scandinaves, Espagnols et Grecs, Brésiliens et Canadiens, chacun s'y sentait chez lui sur les rives de la Seine. Il n'y avait aucune contrainte, on pouvait parler, penser, rire, tempêter comme

1. Thomas J. Bollyky *et al.*, « The Relationships between Democratic Experience, Adult Health, and Cause-Specific Mortality in 170 Countries between 1980 and 2016 : An Observational Analysis », *The Lancet*, 393 (10181), p. 1628-1640, 2019 ; Yi-Ting Wang, Valeriya Mechkova & Frida Andersson, « Does Democracy Enhance Health ? New Empirical Evidence 1900-2012 », *Political Research Quarterly*, 72 (3), p. 554-569, 2019.

on voulait, chacun vivait à sa guise [...] Personne ne se gênait devant personne [...] on se fichait, à Paris, de la race, de la classe ou de l'origine, tous ces épouvantails dont on a commencé plus tard à gonfler l'importance. On allait, on causait, on couchait avec celui ou celle qui vous plaisait, se souciant des autres comme d'une guigne[1]. »

En dépit des cahots de l'histoire, près d'un siècle plus tard, dans la hiérarchie des sociétés où il fait bon vivre, l'ordre n'a pas grandement évolué. C'est encore et toujours à l'Ouest qu'on est le plus heureux. À force de voir le verre à moitié vide, on tend à oublier cette réalité. Focalisé sur les évolutions de court terme, on manque l'appréciation d'ensemble. L'attitude à l'égard de l'éducation et de la santé en est une parfaite illustration. Chaque publication d'un comparatif international des performances éducatives – PISA, TIMS, PIRLS – provoque les mêmes réactions : le niveau des Occidentaux s'affaisse, surtout lorsqu'on le compare aux succès de certaines sociétés autoritaires. De même pour la santé : l'espérance de vie stagne en Occident et recule aux États-Unis ; preuve d'un effondrement, ou du moins d'un déclassement. Quand une société ne parvient plus à éduquer et à soigner, n'est-ce pas le signe

1. Stefan ZWEIG, *Le Monde d'hier* (1942), Gallimard, « Folio essais », 2013, p. 181-183.

qu'elle va s'effondrer ? Il s'agit là d'une erreur d'appréciation.

L'espérance de vie et les résultats de nos chères têtes blondes ne progressent plus, soit. Mais avant de se comparer aux régimes autoritaires, encore faut-il regarder d'où l'on part. Il est évident qu'allonger la durée de vie ou renforcer les savoirs est plus aisé dans une société où l'on meurt jeune et inculte. Une fois toute la population éduquée et en passe de vivre cent ans, comment espérer mieux ? En un siècle, l'espérance de vie en Occident a doublé, et le nombre de diplômés a été multiplié par dix ; il est donc assez naturel que la progression se tasse. La « grande stagnation », que déplore Tyler Cowen, pourtant l'un des plus éminents défenseurs de la démocratie libérale, n'est pas un mal, mais une bénédiction. Car ce qui importe n'est pas la croissance – de l'espérance de vie, du nombre d'années d'étude ou de la valeur ajoutée –, mais le fait que cette croissance permette à chacun de s'épanouir. S'attrister de son absence, c'est confondre le moyen et le but.

D'autant plus que, passé un certain stade de développement – celui de l'Occident –, les relations entre ces différentes composantes se brouillent. Dans une société agricole ou industrielle, l'éducation joue un rôle primordial dans la création de richesses, qui déterminent à leur tour l'état de santé de la population. Dans une société de la connaissance, où tous les individus sont diplômés et l'espérance de vie flirte avec les limites biologiques connues, le progrès ne dépend plus de facteurs quantitatifs, mais qualitatifs. Pour que la connaissance se développe et favorise des grandes découvertes, en santé ou ailleurs, il est vain de contraindre les jeunes générations à passer davantage de temps sur les bancs de l'école ; l'important tient à leur capacité à interagir, à coopérer, afin de combiner des savoirs de plus en plus précis pour accoucher de nouvelles idées.

Favoriser l'émulation de la recherche et de l'entrepreneuriat, inciter à la curiosité, renforcer l'esprit de compétition et oser faire des découvertes de rupture, autant de choses impossibles dans une société corsetée, où les rôles sont assignés une fois pour toutes et où aucune idée originale ne peut s'exprimer. Raison pour laquelle la Chine a beau être le premier déposant de brevets au monde, elle reste le pays de la copie des innovations occidentales. À cet égard, en dépit des annonces d'Alibaba, Baidu et SenseTime, et malgré la multiplication des conférences gouvernementales et des projets de régulation, on attend toujours – et on attendra sans doute longtemps – l'arrivée d'intelligences artificielles chinoises capables de rivaliser avec les productions américaines et européennes.

S'il fallait parier sur le lieu où naîtra la prochaine découverte majeure, qui entraînera une explosion de la productivité et de la croissance ou un allongement exceptionnel de l'espérance de vie, le moins risqué serait encore de miser sur l'Occident.

L'horizon du monde

On cherchera en vain le déclin occidental. Il n'existe pas, tout simplement. Ni sur le plan matériel ni au niveau culturel. Comment pourrait-il en être autrement alors que l'Occident s'adresse directement au désir d'émancipation des hommes, et surtout des femmes. Y a-t-il un autre endroit sur terre où celles-ci bénéficient d'autant de libertés ? où il soit moralement intolérable qu'un chromosome conditionne l'existence d'une seule personne ne serait-ce que dans le plus anecdotique de ses actes ? La liberté de la femme et sa stricte égalité avec l'homme sont des caractéristiques propres aux démocraties libérales. Pas d'émancipation des femmes sans l'universalité de la loi, la reconnaissance de la singularité de chacun, et la protection de la liberté de tous. Principes fondamentaux qui ne sauraient s'appliquer aux femmes là où règne encore l'hétéronomie – la loi imposée par un au-delà transcendant – ou la tyrannie ; car, émancipée, la femme transforme l'institution familiale, bouleverse les rapports en entreprise et instille les principes libéraux dans tout le corps social.

Le lieu du féminin

Pour que la femme soit l'égale de l'homme, l'emprise physique et politique de ce dernier doit s'effacer sous l'empire de la loi. D'où cette équivalence presque parfaite entre participation économique et politique des femmes et démocraties libérales[1]. Équivalence qui explique non seulement la plus grande prospérité de l'Occident – comment espérer créer de la richesse en se passant de la moitié de la population ? –, mais aussi son caractère plus pacifique ; non que les femmes soient plus douces, mais on ne saurait parvenir à des consensus sociaux sans tenir compte de l'avis d'une partie du corps social.

---

1. Kathleen M. Fallon, Liam Swiss & Jocelyn Viterna, « Resolving the Democracy Paradox : Democratization and Women Legislative Representation in Developing Nations, 1975 to 2009, *American Sociological Review*, 77 (3), p. 380-408, 2012 ; Pamela Paxton & Sheri Kunovich, « Women's Political Representation : The Importance of Ideology », *Social Forces*, 82 (1), p. 87-113, 2003 ; Anna Zagrebina, « Attitudes towards Gender Equality : Does Being a Democracy Matter ? », *Comparative Sociology*, 19 (3), p. 305-334, 2020.

Voilà sans doute ce qui explique, en dernière analyse, la supériorité de la démocratie libérale sur tous les autres régimes. Que les partisans du déclin se rassurent, plus d'un être vivant sur deux préfèrerait appartenir à l'Occident. Car la terre de Simone de Beauvoir et d'Élisabeth Badinter, de Gisèle Halimi et d'Abnousse Shalmani reste le havre du féminin. Nulle part ailleurs les femmes ne sont autant protégées des mutilations, émancipées de leurs époux, libres d'entreprendre et d'agir, autorisées à divorcer, protégées contre les séducteurs balourds, maîtresses de leurs corps et souveraines dans leurs pensées, dévoilées.

La terre des exilés

Et qu'on ne s'y trompe pas, l'air libéral est meilleur pour tout le monde, pas uniquement pour les femmes. Rien de partial ou de polémique dans ce propos, juste un constat. Comment expliquer autrement l'attrait qu'exerce l'Occident sur les corps comme sur les esprits. Sur les corps, ce sont les flux migratoires qui en apportent la preuve absolue. La plupart des migrants sont originaires d'Inde, du Mexique, de Russie, de Syrie et de Chine ; la principale destination reste les États-Unis, où le nombre d'immigrés a quadruplé en cinquante ans. Les autres horizons des migrants sont majoritairement des démocraties libérales – Allemagne, France, Royaume-Uni, Canada[1]. À en juger par ces comportements, les BRICS+ n'ont pas la cote. Ces modèles prétendument concurrents des démocraties libérales ne font guère rêver ceux qui nourrissent l'espoir d'une vie meilleure.

Certains objecteront que la Russie, l'Arabie saoudite ou les Émirats arabes unis sont aussi d'importantes terres d'accueil. Ils auront raison, à condition de préciser que ceux qui s'y rendent, lorsqu'ils le font délibérément, viennent de pays périphériques encore moins libres ou davantage frappés par la pauvreté.

Entre l'Occident et le reste du monde, les flux sont unidirectionnels, on quitte celui-ci en masse pour jouir de celui-là. Il s'agit certainement d'un invariant humain, on part toujours pour un endroit meilleur. À la chute du Mur, personne n'avait couru vers l'Est. Aujourd'hui, aucun homme libre ne se rend dans une dictature.

Quant à ceux qui ne quittent pas leur pays, ceux qui restent sur leur terre d'origine et représentent toujours l'immense majorité de l'humanité, faut-il en conclure qu'ils n'apprécient pas l'Occident ? Absolument pas. Car son pouvoir d'attraction est encore plus vivace sur les esprits que sur les corps. Le melting-pot occidental est

1. Voir les rapports annuels *World Migration Report* de l'Organisation internationale pour les migrations (OIM).

une substance fluide qui s'étend et se mélange, ne laissant personne indifférent. Le décliniste qui voit dans la célébration du Nouvel An chinois en France la preuve d'une décadence devrait regarder comment la culture occidentale irrigue l'espace cérébral à l'étranger.

Avec la démocratisation d'Internet et surtout du Web 2.0 – inventions occidentales –, l'Ouest a trouvé un moyen de diffusion culturelle sans précédent. Quel que soit son lieu de résidence, l'arpenteur du net cherche les mêmes marques : Google, Netflix, Amazon, eBay et Ikea. Et qu'importe que la toile soit surveillée ou bloquée, les VPN et le dark web permettent de contourner les restrictions pour accoster sur les rivages de la société de consommation libérale. Les enquêtes sur les recherches effectuées en ligne le confirment. L'internaute chinois veut un smartphone Apple et une console Nintendo, il voudrait s'habiller en Nike et déguster McDo. En Russie, on préfère la tech version Google et les jeux vidéo Epic Games, être vêtu en H&M et nourri au KFC. Et dans les deux cas, pour l'électroménager, le *nec plus ultra* reste Dyson.

La viralité de liberté

Dès que s'ouvre la fenêtre numérique sur le monde occidental, tout le monde se précipite pour voir ce qui s'y trouve et rêve d'en faire partie. Internet n'a pas popularisé le cinéma russe ou les séries chinoises, pas plus qu'il n'a excité la curiosité pour le régime iranien ou le mode de vie indien. Il a en revanche favorisé les manifestations populaires contre le voile, pour la liberté d'expression ou les droits des minorités. Face à ce raz-de-marée d'idées étrangères et pour assurer leur propagande, les régimes autoritaires ont dû se plier aux exigences de la culture qu'ils combattent. On produit des *fake news* calibrées pour Twitter, on crée des réseaux sociaux sous contrôle gouvernemental qui imitent la liberté de ton occidentale, on diffuse des messages sur des chaînes d'*infotainment*, et on assure la diffusion de ses idées rétrogrades, obscurantistes et illibérales via des influenceurs qui s'expriment, s'habillent et parlent à l'américaine. Et les illuminés de Daesh ont fait la *promo* de leur guerre sainte à grands coups de spots publicitaires reprenant les codes des *blockbusters* hollywoodiens. Ils n'avaient pas le choix, l'imaginaire du martyr est imprégné jusqu'à la moelle de références occidentales.

Liberté versus autorité

Au-delà de la stratégie, l'attitude des États autoritaires en dit long sur la terreur que leur inspirent ces sociétés prétendument faibles et dégénérées. Campagnes de désinformation, manipulation de l'opinion, infiltration de la société civile et tentative de corruption des élites sont les manœuvres communes des régimes qui ont déclaré une guerre hybride à l'Occident. Pourquoi tant de haine ? La réponse est évidente. Comme tout ce qui est vital, la démocratie libérale est virale. Elle se diffuse sans s'imposer et gagne sans combattre. D'où l'énergie avec laquelle les dictatures s'empressent d'ériger des barrières imperméables aux idées. Pour survivre, il leur faut mettre leurs sociétés sous cloche ; éviter à tout prix la contamination par l'idéal ; empêcher que quiconque découvre que l'herbe est réellement plus verte ailleurs, là où règne la liberté.

La peur est le moteur des opérations de déstabilisation extérieures et des politiques de répression intérieures. Semer le doute au-dehors, maintenir l'ignorance au-dedans. Le blocage d'Internet, l'interdiction du financement étranger des associations, l'emprisonnement des dissidents, la création d'une histoire officielle, la criminalisation de certains mots, la prohibition des livres jugés dangereux, la censure des discours ou films provenant des pays ennemis ; autant d'actions nécessaires à la survie d'une dictature qui révèlent en même temps son extraordinaire faiblesse : sa pérennité dépend fondamentalement de sa capacité à faire croire qu'elle constitue une véritable alternative à la démocratie libérale. En quoi le dictateur doit avant tout être un excellent prestidigitateur puisqu'en réalité aucun système ne peut rivaliser avec celui qu'il considère, à juste titre, comme sa némésis.

La meilleure des sociétés

Que les démocraties libérales soient plus prospères, plus inventives, plus sûres que les régimes autoritaires, qu'elles offrent une meilleure éducation et de meilleurs soins, qu'elles soient plus égalitaires, plus écologiques aussi – les seuls pays étant parvenus à découpler leur croissance de leurs émissions carbone sont occidentaux – et tout cela simultanément n'a rien d'une coïncidence. Leur efficacité tient justement au fait qu'elles assurent la meilleure articulation qui soit de ces différents objectifs. Comment est-ce possible ? Grâce à la promotion de la liberté individuelle à tous les niveaux de décisions.

Contraints par l'opinion publique, les dirigeants doivent sans cesse rechercher le consensus, tenter au mieux de concilier des attentes apparemment contradictoires – liberté entrepreneuriale et justice sociale, croissance économique et protection de l'environnement, innovation et réduction des risques, agriculture biologique et production de masse, augmentation des salaires et renforcement de la compétitivité... Une telle situation conduit à toujours améliorer les règles et les modes d'organisation ; chaque imperfection est l'occasion d'une amélioration. Par un processus infini d'essais et d'erreurs, de nouvelles méthodes se développent qui répondent mieux à la complexité des enjeux sociétaux. Encore faut-il que les individus soient en mesure d'utiliser leur créativité, de penser au-delà d'un rôle qui leur serait assigné une fois pour toutes, qu'ils aient des perspectives de s'épanouir à travers les changements dont ils sont les moteurs ; qu'ils soient libres en somme. Raison pour laquelle toutes les innovations majeures viennent des pays occidentaux.

Aucune organisation centralisée, planifiée ou figée dans une stratification rigide ne saurait reproduire cette prouesse. D'autant plus qu'en dernière analyse, pour distinguer les bonnes créations des mauvaises, c'est-à-dire pour passer d'une invention à une innovation, il faut bien que la population soit en mesure de révéler son enthousiasme ou son mécontentement. Et, à ce jeu, la méthode la plus efficace et la plus démocratique reste encore le recours au marché : chacun votant avec ce qui lui est le plus cher, son porte-monnaie, la sanction est aussi immédiate que radicale. Ce qui s'avère utile est conservé, le reste est renvoyé aux oubliettes de l'histoire des concours Lépine.

Le succès pratique de la démocratie libérale n'a donc rien de miraculeux. Toujours mouvante, celle-ci allie promotion de la découverte – via la recherche fondamentale –, incitation à la créativité – perspectives de profits – et sélection des innovations par le plus grand nombre – liberté du consommateur-citoyen. Plus prodigieux est le fait que ce mode d'organisation sociale, économique et politique, s'avère la meilleure et l'unique façon d'appliquer concrètement des principes philosophiques désirés par l'ensemble de l'humanité – autonomie de l'individu, soumission de tous au règne du droit, reconnaissance de chacun en tant que singularité. Si bien que l'humain satisfait d'un même geste ses besoins matériels et spirituels et accède au salut du corps – les progrès techniques – et de l'âme – le fameux *thymos* (désir de reconnaissance).

Extraordinaire synthèse de deux parties de l'existence qu'aucun autre système n'est en mesure de combler simultanément. Bien des groupes ont vécu sous l'égide d'une grande et belle morale, mais ils restaient miséreux.

D'autres ont été riches, mais trop dépravés pour survivre. Seul l'Occident concilie morale et richesse et garantit cette promesse : fais tienne la devise *liberté, égalité, fraternité* et *prospérité*, *santé*, *progrès* te seront donnés par surcroît.

Deuxième partie

L'éternelle insatisfaction
Les faiblesses de l'Occident font sa force

CARBON, *à Cyrano, bas.*
Mais tu les fais pleurer !

CYRANO.
De nostalgie !… Un mal
Plus noble que la faim ! …
pas physique : moral !
J'aime que leur souffrance
ait changé de viscère,
Et que ce soit leur cœur,
maintenant, qui se serre !

Edmond Rostand,
Cyrano de Bergerac,
Acte IV, scène I

Où que l'on regarde, la supériorité matérielle et l'hégémonie culturelle des démocraties libérales s'imposent. Pas de décadence à l'horizon. D'où la nécessité de penser cette idée en vogue à nouveaux frais. Puisque le déclin n'en finit plus de se faire attendre, plutôt que d'interroger ses causes inexistantes, il s'agit de comprendre l'origine de ce sentiment persistant. Si tout va bien, pourquoi l'Occidental pense-t-il que tout va mal ?

À bien y regarder, trois petits défauts – psychologique, moral et philosophique – lui font confondre progrès et décadence. Rien de rédhibitoire. Car l'Occident a ceci de singulier : ses défauts sont ses chances. Plus il en a, mieux il avance.

1

Le syndrome de la petite bête

Analysant l'influence délétère que la quête de sa propre identité peut avoir sur l'exercice de la vie d'un individu, Clément Rosset conclut, non sans ironie, que « qui souvent s'examine n'avance en rien dans la connaissance de lui-même. Et moins on se connaît, mieux on se porte[1] ». Il en va de l'examen des sociétés comme de l'identité. À force d'en triturer les entrailles, on finit toujours par trouver un détail qui déraille.

L'échec des prophéties

Dans *L'Échec d'une prophétie*, publié en 1956, et récemment réédité[2], Leon Festinger,

1. Clément Rosset, *Loin de moi. Étude sur l'identité*, Les Éditions de Minuit, 1999, p. 86.
2. PUF, 2022.

Henry W. Riecken et Stanley Schachter, spécialistes en psychologie sociale, fournissent l'une des premières et plus complètes analyses de ce qu'ils nomment une dissonance cognitive. Interpellés par l'annonce d'une apocalypse imminente dans un journal local, ils vont étudier les réactions d'un groupe d'individus menés par une certaine Marian Keech, qui ont quitté emplois et conjoints pour se préparer à un déluge dont la date, le 21 décembre 1954, aurait été dévoilée à cette dernière par un peuple extraterrestre. Convaincus de la réalité du message et de la bonne foi de leur pythie, les adeptes vont appliquer à la lettre les instructions de celle-ci dans l'espoir de faire partie des élus qu'un vaisseau viendra récupérer avant la fin du monde. Évidemment – sans quoi nul ne serait là pour en parler – rien de tel ne survient au jour fatidique. Alors que minuit sonne, et en l'absence de déluge et de soucoupe, le petit groupe s'interroge. Mais au lieu de se rendre à l'évidence, la conviction est telle que personne ne remet en cause le message ni la messagère. Reste à trouver la raison pour laquelle la fin du monde n'a pas eu lieu. Après plusieurs heures de réflexion en silence, certains avancent des hypothèses, Keech s'effondre en pleurs, et elle reçoit enfin une réponse satisfaisante, toujours sous la forme de propos réceptionnés par « écriture automatique » : c'est par leur lumière, leur foi, que la planète a été épargnée. Parce qu'ils y ont cru, la prophétie ne s'est jamais réalisée.

À bien des égards, l'attitude des prophètes du déclin ressemble à celle de Keech et de ses suivants. Il ne s'agit pas là de railler ces cassandres, ni de les assimiler à des millénaristes farfelus ; leurs diplômes et leurs travaux parlent pour eux. Ce sont souvent de véritables scientifiques et des intellectuels de premier plan. Mais ils souffrent eux aussi d'une forme de dissonance cognitive qui a pour origine non pas un message extraterrestre, mais une conviction erronée forgée sur la base d'un unique élément qu'ils jugent immoral, injuste ou imparfait. Leur erreur consiste à prendre la partie pour le tout en partant d'un point périphérique dont ils font le cœur de leur théorie. Une telle confusion les conduit, presque inévitablement, à déduire de l'existence de cette « défaillance » l'imminence de la chute du système. L'approche n'a rien de mauvais en soi. Dans toute théorie scientifique, il y a de l'intuition et de l'incertain. Le juge de paix, c'est l'épreuve des faits. C'est au moment de la confrontation du théorique et de l'empirique que le scientifique se distingue de l'idéologue. Quand la réalité s'oppose à l'idée, l'homme de science change d'idée, le croyant biffe la réalité.

Les prophètes imaginaires

À en juger par leurs réactions chaque fois que leurs théories se trouvent infirmées – ce qui arrive toujours –, l'appartenance des critiques de l'Occident au camp des croyants ne fait guère de doute. Dès que se révèle leur erreur, ils développent un nouvel argument visant à expliquer que, s'ils ont tort, c'est qu'ils ont raison. Pour parvenir à un tel tour de passe-passe, ces prophètes prestidigitateurs jouent sur les mots, transforment les concepts, et établissent de nouveaux liens entre des phénomènes qu'ils jugeaient auparavant indépendants. À ce petit jeu, tout devient possible. Certes, le discours n'a plus rien de scientifique, mais la prophétie est sauve :

« Le système va s'effondrer sous l'accroissement des inégalités, dit l'un. – Ah ? Pourtant elles se réduisent à l'échelle du monde et restent stables au niveau national. – C'est la preuve d'un appauvrissement généralisé. – Mais l'extrême pauvreté recule et le pouvoir d'achat augmente. – C'est que, pour survivre, le système a sacrifié l'écologie à l'économie. – Sauf que dans les pays les plus riches, un découplage s'est opéré entre croissance et émissions de gaz à effets de serre. – C'est la preuve qu'ils vont pouvoir détruire la planète encore plus rapidement. – Vraiment ? Pourtant les forêts s'étendent dans ces pays et l'air n'a jamais été aussi pur. – Fausses forêts et dumping environnemental... D'ailleurs les gens vont mal dans ces pays. – Certes, mais tout le monde préfèrerait vivre dans ces enfers que dans les paradis faiblement industrialisés et autoritaires. – La faute à la colonisation ! – Mais ces pays ont été décolonisés depuis des décennies. – Point du tout ! La globalisation est une colonisation. – Une colonisation sans contrainte alors et qui enrichit ceux qui s'y ouvrent. – En apparence seulement, car ils perdent leur culture. – Dans ce cas, n'est-ce pas le signe d'une vitalité de l'Occident ? – Au contraire, son hégémonie est la preuve de sa décadence. »

Comme Toinette dans *Le Malade imaginaire*, qui singe un médecin et ramène toutes les douleurs d'Argan au poumon, ces diagnosticiens ont réponse à tout. Quel que soit le symptôme, c'est toujours le même mal : « L'Occident, l'Occident, vous dis-je. »

La défaite de la raison : le cas Todd

Sans doute est-ce Emmanuel Todd qui, dans *La Défaite de l'Occident*, est allé le plus loin dans ces contorsions avec le réel. Prétendant suivre les traces de Max Weber, l'anthropologue-statisticien-historien délivre une prophétie limpide à partir d'un syllogisme étonnant de simplicité : la dynamique de l'Ouest tient tout entière à l'existence et à la persistance du protestantisme (*prémisse majeure*) ; mariages et rituels protestants disparaissent dans les pays occidentaux (*prémisse mineure*) ; conclusion : l'Occident est à bout de souffle.

Dès le départ, la thèse ne tient pas et trahit l'entreprise idéologique de l'auteur qui désire voir mourir un système qui lui déplaît. Réduire le développement au fait religieux n'est pas sérieux. D'autant plus qu'en intégrant le Japon et la Corée du Sud à l'Occident, Todd se contredit immédiatement, sauf à considérer que le protestantisme ait eu un rayonnement secret dans ces pays d'Asie. Au-delà de cette approximation, l'approche souffre d'un simplisme excessif. Aucun sociologue, anthropologue ou historien honnête n'admettra une cause unique pour expliquer l'évolution des sociétés. L'abondance des travaux rigoureux et passionnants sur le sujet démontre toute la difficulté à expliquer le miracle occidental.

Les luttes féodales ont sûrement joué un rôle dans l'apparition des États-nations qui ont changé les mentalités (Norbert Elias, *La Dynamique de l'Occident*), la géographie a contraint cités-États et principautés à innover pour conserver un avantage militaire (Francis Fukuyama, *La Fin de l'histoire et le Dernier*

Homme), faisant émerger l'idée d'un progrès technique, et au-delà la possibilité de penser le salut ici et maintenant (Deirdre McCloskey, *Bourgeois Equality*). En démocratisant l'enseignement de la lecture et de l'écriture, protestantisme et judaïsme ont sûrement joué un rôle, indirect (Sascha Becker et Ludger Woessmann, *Was Weber Wrong ?*). Et l'existence d'un état de droit, d'une stabilité juridique et d'institutions économiques, condition nécessaire à la prospérité (Daron Acemoğlu et James Robinson, *Why Nations Fail*), est sans doute le résultat d'une reconnaissance de la souveraineté individuelle dont on peut faire remonter l'origine à la naissance du christianisme (Marcel Gauchet, *La Condition historique*). Si l'essor de cette partie du monde n'est pas accidentel, ce qui reste à démontrer selon l'historien Stephen Davies (*The Wealth Explosion*), il est certain que ses causes sont multiples et que leurs interactions resteront pour toujours partiellement méconnues.

Mais tout cela, Todd n'en a cure. Il a sa conclusion : sans protestants, plus d'Occident. Et puisque dans son esprit les États-Unis en sont la pointe avancée, il faut et il suffit de démontrer que ce pays s'appauvrit pour emporter la mise. Sauf que ce n'est pas le cas. Le produit intérieur brut par habitant y a augmenté plus vite que dans le reste de l'Occident, si bien que l'Américain moyen est deux fois plus riche que l'Européen. Comme Keech faisant de l'absence d'apocalypse la preuve de sa prophétie, Todd va considérer que cette richesse américaine démontre sa pauvreté. Le produit intérieur brut est élevé parce qu'il est surestimé. Il faut lui retrancher quarante pour cent de la valeur du secteur tertiaire – au motif que les dépenses de santé y seraient quarante pour cent plus élevées qu'ailleurs – et le tour est joué.

Grâce à ce nouvel indicateur, qu'il baptise « produit intérieur réel », Todd peut affirmer que les Américains sont plus pauvres que les Russes : sa thèse est prouvée. Bien sûr, il omet de déduire les dépenses militaires russes – alors qu'une dépense publique n'est pas une création de richesse et que produire des armes n'améliore le bien-être de personne – et ignore pudiquement les indicateurs portant sur la qualité de vie – les Russes consomment plus d'alcool, se droguent davantage, divorcent plus souvent, et se disent moins heureux –, mais au fond, cela n'a plus grande importance.

La thèse de Todd n'a pas d'intérêt en soi et n'aurait pas mérité un tel développement si, par son importante médiatisation et son succès éditorial, elle n'avait pas illustré le caractère pathologique du sentiment décliniste. Qu'un homme déteste les États-Unis et l'évolution des sociétés occidentales au point de leur préférer une dictature n'a rien de condamnable. C'est justement le propre des cultures libérales que d'accepter les opinions critiques à leur égard. Autrement plus révélateur est le fait que ce sentiment soit partagé par une partie non négligeable de la population, et alors même qu'il ne repose empiriquement sur rien. Au point que personne ou presque n'a même songé à décortiquer la théorie pour en démontrer le caractère fallacieux. Phénomène qui se reproduit à chaque publication d'un ouvrage ou d'un rapport qui apporterait la preuve de l'inéluctabilité de l'effondrement.

Détournant à peine les mots célèbres de l'auteure russe Elena Gorokhova (souvent attribués, vraisemblablement à tort, à Alexandre Soljenitsyne), on serait tenté de résumer ainsi cette étrange dépression collective : « Les prophètes de malheur se trompent toujours. L'Occident a déjà gagné. Tout le monde le sait. Ils le savent. Ils savent que tout le monde le sait. Tout le monde sait qu'ils savent que tout le monde le sait. Et pourtant, ils persistent à annoncer l'apocalypse et tout le monde persiste à les croire[1]. »

---

1. Voir *A Mountain of Crumbs : A Memoir*, p. 172, où Elena Gorokhova écrit : « Ils nous mentent, nous savons qu'ils mentent, ils savent que nous savons qu'ils mentent, mais ils persistent à nous mentir, et nous persistons à faire semblant de les croire. »

Une fatigue morale

On pourrait objecter qu'il faut manquer de la plus élémentaire des logiques pour conclure à la victoire d'une société qui cultive un tel malaise. Sauf à supposer l'Occidental comme un masochiste pathologique, difficile en effet d'affirmer qu'il serait *heureux malgré lui*. Pourtant, l'engouement suscité par les thèses déclinistes grandit à mesure que s'étiolent les prétendues alternatives au modèle hégémonique. Moins la Russie, l'Iran ou la Chine s'avèrent capables de rivaliser avec l'Occident, plus on semble convaincu de l'inéluctable effondrement de celui-ci. Comme si le sentiment du déclin était l'apanage des systèmes indépassables.

Le poids d'une guerre hybride

Évidemment, le climat géopolitique n'est guère propice à l'optimisme. L'invasion de l'Ukraine a marqué le début d'une nouvelle guerre froide, entre démocraties libérales et régimes autoritaires de toutes obédiences. Sous la bannière du Sud global ou de la « Majorité mondiale » – qui réunit des pays dont l'unique point commun consiste à accuser les principes libéraux de tous les maux – se forme un front anti-occidental aux velléités résolument belliqueuses. La guerre n'est plus une hypothèse. Elle est un fait en Europe ; elle pourrait l'être bientôt dans le Pacifique.

En réalité, elle a déjà éclaté ; sous la forme de propagande, de désinformation et d'actions de déstabilisation dans la plupart des pays occidentaux. En France, la manipulation de l'opinion vise à indigner une partie de la population pour la monter contre une autre – les mains rouges sur le mémorial de la Shoah, les cercueils devant la tour Eiffel –, quand elle n'a pas pour objectif de simplement créer une panique – l'invasion des punaises de lit. Aux États-Unis et au Royaume-Uni, la guerre numérique s'attaque directement au processus politique – excitation des trumpistes ou des brexiters par la diffusion de fake news produites en masse dans des fermes à trolls. Derrière la plupart des émeutes et scandales, on retrouve l'empreinte informatique ou physique des dictatures clamant par ailleurs leur désir de paix. TikTok et Telegram sont leurs armes de désinformation massive. Médias autrefois crédibles et personnalités politiques autrefois légitimes sont leurs agents. Le ressentiment et la peur sont leurs poisons. Il y a donc bien une guerre. Larvée, hybride. Sans soldats ni cadavres, pour le moment, mais aux effets potentiellement dévastateurs.

Tout cela est avéré, mais ne saurait expliquer le sentiment de décadence. Après tout, que les régimes autoritaires s'attaquent aux démocraties libérales parce que leur existence même représente une menace existentielle devrait plutôt rassurer. Attaquées parce que moralement et matériellement inégalables, elles devraient exacerber un sentiment victorieux et une confiance sereine ; au lieu de quoi s'y déploient défaitisme et fébrilité. Par ailleurs, ces émotions étaient déjà largement répandues en Occident avant que celui-ci ne devienne la cible d'adversaires autoproclamés. Même sans rival crédible, le sentiment du déclin était vivace. Preuve qu'il doit peu à la géopolitique comme aux supposées défaillances économiques et sociales intérieures. Modifiant à peine les mots de Pascal, on pourrait en conclure que « l'air du temps et l'humeur de l'Occident ont peu de liaison ; il a ses brouillards et son beau au-dedans de lui ; le bien, et le mal de ses affaires même, y fait peu[1] ».

Une société anesthésiée ?

Parmi la myriade d'analystes, seul Ross Douthat fournit, dans *Bienvenue dans la décadence*, une analyse convaincante de cette

1. Voir Blaise PASCAL, *Pensées*, éd. Brunschvicg, frag. 107 : « Le temps et mon humeur ont peu de liaison ; j'ai mes brouillards et mon beau temps au dedans de moi ; le bien et le mal de mes affaires même, y fait peu. »

absence de liaison entre grandeur et humeur – ou réalité et impression. Les autres, partant de présupposés anticapitalistes et progressistes, buttent sur l'évidente supériorité matérielle et technique d'un Occident dont ils cherchent à diagnostiquer l'éventuel effondrement. Leur cadre conceptuel les place dans une position intenable : la décadence implique une dégradation par rapport à un passé qu'ils ont toujours jugé insuffisamment progressiste. Le champ de la gauche, c'est l'envie de lendemains meilleurs, pas la nostalgie d'une époque glorieuse. En matière d'effondrement, mieux vaut donc écouter les conservateurs. Question d'ADN, ils ont un don pour trouver dans le passé de quoi faire pâlir le présent.

C'est ce que fait ce célèbre chroniqueur au *New York Times* en livrant, dès le départ, une définition singulière de la décadence qui, selon lui, « désigne la stagnation économique, le déclin institutionnel ainsi que l'épuisement culturel et intellectuel survenant à un degré élevé de prospérité matérielle et de développement technologique[1] ». Autrement dit, il faut être arrivé très haut pour tomber. N'est pas décadent qui veut. Point de départ prometteur pour comprendre la situation singulière et paradoxale de l'Occident. La décadence serait la

1. Ross DOUTHAT, *Bienvenue dans la décadence*, Presses de la Cité/Perrin, 2024, p. 23.

manifestation d'un essoufflement de « l'*idéologie* de l'exploration[1] » ; la perte de l'innocence du devenir dirait Nietzsche, qui se traduirait actuellement par la stagnation économique, la stérilité démographique, la sclérose institutionnelle et la répétition culturelle.

Ces « quatre cavaliers » devraient, selon Douthat, suffire à convaincre de la réalité d'une apocalypse un peu particulière. Parmi eux, deux sont boiteux et ne méritent guère d'attention. L'économie ne stagne pas et la démographie n'est pas un problème en soi. Le caractère atone de la croissance relève en grande partie de la difficulté à estimer la valeur créée par le processus de destruction créatrice. Si des produits innovants en remplacent d'autres, de moindre qualité, pour un prix équivalent ou à peine supérieur, le gain réel – en termes de rapport qualité-prix – sera sous-estimé. Phénomène que démontre l'économiste, et certainement futur Prix Nobel, Philippe Aghion, dans un article de la célèbre *American Economic Review*, et qu'il évalue à un demi-point de croissance pour la France et les États-Unis[2].

1. *Ibid.*, p. 17.

2. Philippe Aghion *et al.*, « Missing Growth from Creative Destruction », *American Economic Review*, 109 (8), p. 2795-2822, 2019 ; Philippe Aghion *et al.*, « Firm Dynamics and Growth Measurement in France », *Journal of the European Economic Association*, 16 (4), p. 933-956, 2018.

Par ailleurs, au cours des cinq dernières générations, et contrairement à une idée reçue en vogue, les revenus n'ont cessé d'augmenter : aux États-Unis par exemple, la génération Y (les milléniaux, nés entre 1981 et 1996) gagne 20 % de plus que la génération X au même âge (1965-1980), elle-même 16 % plus riche que les baby-boomers (1946-1964), eux-mêmes 27 % plus riches que la génération silencieuse (1928-1945), elle-même 34 % plus riche que la génération grandiose (1901-1927). Et les moins de vingt ans d'aujourd'hui – la génération Z – sont déjà plus riches que les milléniaux au même âge[1]. Que ces chiffres provoquent incrédulité et scepticisme en dit long sur le caractère infondé, mais tenace, du sentiment de régression économique.

La situation démographique n'est pas davantage un signe de décadence. Celle-ci est d'abord le signe d'un enrichissement de la population qui modifie en profondeur le statut de l'enfant. N'étant plus nécessaire pour assurer les vieux jours des parents, il est devenu plus désirable et fait l'objet de toutes les attentions. Contraception et émancipation des femmes aidant, il arrive

1. Kevin Corinth & Jeff Larrimore, « Has Intergenerational Progress Stalled ? Income Growth over Five Generations of Americans », *Finance and Economic Discussion Series*, 2024-007, Board of Governors at the Federal Reserve System, 2024.

souvent plus tardivement. Rien à regretter sur ce point. Le recul de la natalité n'est problématique qu'à certaines conditions : qu'on refuse de réformer les systèmes de retraites – question technique et potentiellement houleuse, mais non rédhibitoire –, qu'on craigne qu'elle entraîne une baisse de la croissance – mais l'argument est risible à l'aube d'une révolution numérique qui pourrait engendrer d'immenses gains de productivité[1] –, ou, et c'est plus grave, que les jeunes adultes refusent d'avoir des enfants par peur de l'avenir. Dans ce dernier cas uniquement pourrait-on voir dans la baisse de la fertilité un signe de déclin.

---

1. Cette prédiction fait l'objet d'un vaste débat académique. Daron Acemoğlu observe que les gains de productivité liés aux plus récents algorithmes, improprement appelés « intelligence artificielle », sont très faibles et ne devraient pas grandement évoluer au cours des prochaines années. D'autres auteurs estiment que le recours à ces technologies entraîne une forte croissance de la productivité et de la production. Mais l'effet global dépendra sans doute en grande partie des innovations en santé qu'elles pourraient rendre possibles. Voir sur ces sujets : Daron Acemoğlu, « The Simple Macroeconomics of AI », *NBER*, WP 32487, 2024 ; Dirk Czarnitzki *et al.*, « Artificial Intelligence and Firm-Level Productivity », *Journal of Economic Behavior & Organization*, 211, p. 188-205, 2023 ; Robert M. Wachter & Erik Brynjolfsson, « Will Generative Artificial Intelligence Deliver on Its Promise in Health Care ? », *JAMA*, 331 (1), p. 65-69, 2024 ; Ahmed Zahlan *et al.*, « Artificial Intelligence Innovation in Healthcare : Literature Review, Exploratory Analysis, and Future Research », *Technology in Society*, 74, n° 102321, 2023.

Une panne de créativité ?

Les deux autres cavaliers sont autrement plus intéressants. Que la culture s'épuise et que le politique s'enlise, nul ne le remet en question. Nombreux sont ceux qui déplorent un manque flagrant d'originalité dans les productions musicales, cinématographiques ou littéraires. Et il est évident que la moindre réforme se heurte à présent à d'innombrables difficultés – en témoigne le fiasco de la dernière réforme des retraites. Dans ces domaines, l'inertie et l'apathie semblent avoir vaincu tout élan un tant soit peu visionnaire.

Au cinéma, biopics et adaptations ont largement remplacé les scénarios originaux. Avec parfois d'excellentes réalisations, comme le récent *Oppenheimer* de Christopher Nolan. Reste qu'on fait souvent du neuf avec du vieux. Comme s'il était devenu impossible d'imaginer quelque chose qui n'aurait pas déjà été écrit et raconté. Prenant à rebours le désir de créer, l'industrie cinématographique a fait sienne la stratégie que fustige Cyrano dans sa fameuse tirade du « Non, merci » : « Travailler à se construire un nom / Sur un film, au lieu d'en faire d'autres ? Oui, / Merci[1] ! » Dès qu'un film

1. Voir Edmond ROSTAND, *Cyrano de Bergerac*, acte II, scène 8 : « Travailler à se construire un nom / Sur un sonnet, au lieu d'en faire d'autres ? Non, / Merci ! »

rencontre du succès, il a droit à sa saga ; *prequel*, *sequel*, suite et *reboot*, on l'usera jusqu'à la corde – *Fast & Furious* – ou jusqu'au pastiche – *Star Wars*. Par appât du gain peut-être, par peur surtout de ne pas inventer mieux.

Il en va de même de la musique. Une récente étude publiée dans *Scientific Reports* a montré que le vocabulaire utilisé dans les tubes de la musique pop était de plus en plus pauvre, les structures grammaticales de plus en plus simplistes et le ton de plus en plus morose[1]. Au-delà de ce seul courant musical, les chansons les plus populaires sont plus terre à terre et plus crues qu'elles ne l'étaient autrefois[2]. Le lyrisme – sous la forme de métaphores et d'allégories notamment – déserte lentement un espace musical saturé de thèmes égocentriques et antisociaux[3]. Côté littérature, les meilleures ventes en France se composent majoritairement

1. Emilia PARADA-CABALEIRO *et al.*, « Song Lyrics Have Become Simpler and More Repetitive over the Last Five Decades », *Scientific Reports*, 14, n° 5531, 2024.

2. Kahyun CHOI & Stephen J. DOWNIE, « A Trend Analysis on Concreteness of Popular Song Lyrics », dans *6th International Conference on Digital Libraries for Musicology*, p. 43-52, 2019.

3. Michael E. VARNUM *et al.*, « Why Are Song Lyrics Becoming Simpler ? A Time Series Analysis of Lyrical Complexity in Six Decades of American Popular Music », *PLoS ONE*, 16 (1), e0244576, 2021 ; Nathan C. DEWALL *et al.*, « Tuning In to Psychological Change : Linguistic Markers of Psychological Traits and Emotions over Time in Popular U.S. Song

de nouveaux tomes de vieilles bandes dessinées – *Astérix* et *Gaston* –, de romances, d'autobiographies et de *feel-good books*. Peut-être faut-il y voir un effet Netflix – le *binge watching* s'accommode mieux de formats simples et en série – ou Spotify – l'écoute à la demande favorise la musique d'ambiance.

Est-ce la preuve d'une panne de créativité qui contraindrait à la médiocrité ? Ce n'est pas certain. L'émergence des plateformes et la baisse des coûts de production et de diffusion des œuvres ont engendré une véritable explosion du nombre de créations artistiques. Trop abondantes, elles ont débordé de leur cadre traditionnel pour se déverser sur le *web*. Par conséquent, la qualité est moins visible. Le livre n'est plus sur les étagères des librairies, mais attend dans le *cloud* des bibliothèques numériques, le film sort souvent directement en *streaming*, la série ne passe plus à la télévision, et l'album s'écoute via une application. Pour s'y retrouver, auditeurs, lecteurs et spectateurs n'ont comme possibilité que de se concentrer sur une niche et de suivre les recommandations des algorithmes. Situation qui contraint les producteurs à investir davantage dans les créations les plus consensuelles afin de capter un large public désormais éparpillé en une multitude

Lyrics », *Psychology of Aesthetics, Creativity, and the Arts*, 5 (3), p. 200-207, 2011.

de microgroupes. La conjonction de ces deux effets donne l'impression d'une répétition alors qu'il n'y a jamais eu autant de diversité. À cet égard, l'économiste Joel Waldfogel a démontré que l'apparition d'internet puis du *web* n'avait pas entraîné de réduction de la qualité des productions musicales ou cinématographiques[1]. Seulement, pour s'en apercevoir, il faut analyser la totalité des œuvres disponibles et non uniquement les plus populaires qui comptent, mécaniquement, davantage de productions fades aux thématiques maintes fois rebattues.

Et c'est là le signe de la décadence ! pointera le conservateur. Autrefois le chef-d'œuvre était populaire, maintenant ce qui plaît à tous est de mauvaise qualité. Formule à nuancer, car parmi les *blockbusters*, on trouve d'excellentes productions – *Game of Thrones*, qui au-delà de sa qualité intrinsèque aura eu le mérite de faire connaître *Les Rois maudits* à un jeune public – et des œuvres originales – *Harry Potter* est devenu un univers à part entière. Formule erronée aussi, car elle résulte d'un piège de l'esprit qui tend à juger le passé à l'aune d'un savoir présent. Ce qui suscite l'engouement est souvent temporaire, la reconnaissance du talent prend du temps. Seuls la trace et l'héritage laissés par

1. Joel Waldfogel, *Digital Renaissance : What Data and Economics Tell Us About the Future of Popular Culture*, Princeton University Press, 2018.

l'artiste ou sa création permettent d'en apprécier les qualités. Rares sont les chefs-d'œuvre accueillis comme tels dès leur présentation au public. Jean-Sébastien Bach n'était connu que des amateurs de musique, Paul Cézanne et Vincent Van Gogh ont dû attendre le crépuscule de leur vie pour entrevoir l'admiration du public, Melville était célèbre pour des livres oubliés, mais *Moby Dick* passa relativement inaperçu. Ce n'est qu'à travers leur empreinte sur les générations suivantes qu'Edgar Poe et John Keats devinrent des légendes de la littérature. Les photographies de Vivian Maier étaient inconnues de son vivant. Et *The Velvet Underground & Nico* fut un échec commercial avant d'être considéré comme l'un des albums les plus influents de l'histoire de la musique, au point que Lou Reed aurait dit : « Le premier enregistrement ne s'est vendu qu'à trente mille exemplaires en cinq ans [...] Mais [...] je crois que chacun de ceux qui ont acheté un de ces trente mille exemplaires a créé un groupe ! Je me console donc en pensant que certaines choses portent leurs fruits de façon indirecte[1]. »

On ne saura que demain si aujourd'hui a produit des chefs-d'œuvre. Et qu'importe ce qui fait recette actuellement, le temps fera son tri

1. Propos rapporté par Brian Eno dans une interview de Kristine McKenna intitulée « Lots of Aura, No Air Play » pour le *Los Angeles Times* du 23 mai 1982.

et gardera le meilleur. En matière de culture, la demande ne compte pour rien, seule importe l'offre ; et elle est foisonnante ces temps-ci.

L'enlisement démocratique

La créativité n'a pas disparu. Dans le domaine culturel, elle s'est dissimulée derrière les écrans et les applications. Sur le champ politique, elle s'est prise dans les filets de la complexité institutionnelle. C'est l'argument majeur, et certainement le plus convaincant, des annonciateurs du déclin, de gauche comme de droite. Qu'importe la qualité des dirigeants, ils ont perdu toute marge de manœuvre. Les blocages à répétition du budget par le Congrès américain, la primauté du droit de l'Union européenne combiné au pouvoir de la Commission dont les membres ne sont pas élus, le barrage permanent des partis d'opposition – même lorsque c'est leur programme qui est appliqué –, la menace d'une nouvelle *troïka*, le poids de la dette publique, sont autant les causes que les manifestations de l'impuissance publique. Auxquelles il faudrait ajouter l'extrême polarisation des citoyens qui interdit tout consensus et la tentation émeutière pour manifester les désaccords.

L'État est englué, figé comme un oiseau pris dans une marée noire. Incapable de mener les réformes qui s'imposent, il est condamné à bricoler et colmater pour maintenir à flot un vaisseau qui godille sans cap. L'inertie mène la barque. Et le peuple a beau jeu de s'en prendre au capitaine. Si le gouvernement est démuni, c'est qu'il fait face à une forme insidieuse de mutinerie. Ceux qui s'angoissent devant le mur de la dette publique refusent de réduire les dépenses ou d'augmenter les impôts. Ceux qui réclament des mesures d'urgence climatique s'opposent à la hausse des prix de l'énergie et au nucléaire. L'immigration doit être contrôlée sans sortir de l'Europe, mais en renforçant les frontières européennes. Toujours l'opposition stérile et la pensée magique.

Campés sur des bases électorales minuscules – le nombre d'adhérents diminue partout –, mais radicales, les partis jouent la critique et le conflit permanents. Avec des résultats évidemment catastrophiques tant pour l'image de la politique que pour la cohésion de la société. En France, pays où Mirabeau et Rousseau s'interrogeaient sur la nature de l'Assemblée[1] – doit-elle être composée des meilleurs ou être un échantillon représentatif ? –, les extrêmes ont choisi une troisième voie : faire élire les pires. À l'alternative *aristocratie élective* ou *miroir du peuple*, ils ont préféré le gouvernement

1. Voir à ce sujet les excellentes pages de Pierre-Henri Tavoillot (*Comment gouverner un peuple-roi ?*) et de Pierre Rosanvallon (*Le Siècle du populisme*).

des imbéciles. Conséquence, le Palais-Bourbon est devenu une foire d'empoigne, où de danses en *happenings*, à grand renfort de *punchlines* creuses à la syntaxe incertaine, les députés zadistes offrent une caricature de la démocratie si vulgaire qu'à l'autre bout du spectre politique on se prend à rêver d'un pouvoir autoritaire.

C'est l'époque de la « vétocratie » analysée par Francis Fukuyama (*Political Order and Political Decay*), qui marque le règne des opinions minoritaires et proscrit la quête du consensus. À l'ère des chaînes d'information continue et des réseaux sociaux, l'existence politique d'un élu ou d'un candidat dépend de l'engagement médiatique qu'il suscite. Pour se distinguer, il doit cliver et choquer, *créer l'événement*. Chaque mouvement se replie sur son cœur de cible et simplifie son message jusqu'à devenir une parodie de ce qui le caractérisait autrefois. L'extrême gauche n'est qu'indignation – contre les « dominants » –, l'écologie se résume à la peur, le socialisme à l'envie, la droite à la nostalgie, et l'extrême droite à la colère – contre les « élites ». Il n'y plus de programmes ni de visions, seulement des passions, tristes.

La démocratie libérale, grippée de l'intérieur, n'avance plus – sans pour autant sombrer. Elle demeure le lieu de la prospérité, la promesse de l'émancipation, mais se voit condamnée à l'immobilisme. Raison pour laquelle Douthat reprend à son compte ces mots de Chesterton : « Plus rien ne pouvait vaincre Rome, mais plus rien non plus ne pouvait la sauver [...] C'était la fin du monde et, chose terrible, elle semblait ne jamais devoir finir. »

L'intolérable progrès

Cette conclusion, emplie d'une douce résignation, n'épuise pas la question de la décadence, mais invite à la repenser sous un angle nouveau. L'Occidental prospère et croit stagner. Il choisit d'avoir moins d'enfants et craint de disparaître. Il n'a jamais eu autant de livres à lire, de films à regarder et de musique à écouter, et déplore un appauvrissement culturel. Il participe à l'émergence d'une ochlocratie (le pouvoir de la foule) et s'inquiète du sort de la démocratie.

Autrement dit, tout ne va pas si mal pour lui. Et contrairement au reste de l'humanité, il a toutes les cartes en main pour changer ce qui lui déplaît. Serait-il aveugle ou trop gâté, comme le disent souvent les plus anciens des jeunes générations ? Il est vrai que les seniors participent davantage au jeu démocratique et cèdent moins aux sirènes populistes. Le passage du temps leur a appris la patience et la nuance. Tout aussi vrai est le fait que les retraités d'aujourd'hui ont eu le privilège et la chance de grandir dans une époque dorée – plein emploi, croissance, accès aisé à la propriété, grande créativité artistique – qui a certainement exacerbé leur insouciance et renforcé leur confiance dans les sociétés libérales. L'enfant des années 1980 n'a connu que les crises – du moins c'est ce qu'on lui a répété jusqu'à l'en convaincre tout à fait.

Un biais de négativité

Si le sentiment de décadence était affaire de clivage générationnel, la solution serait toute trouvée. Poussant à son paroxysme l'adage « si jeunesse savait, si vieillesse pouvait », il suffirait d'établir une gérontocratie transitoire. Jusqu'à ce que la dépression et la défiance des jeunes soient patinées par l'écoulement du temps. Une telle proposition pourrait bien emporter les suffrages puisque les plus âgés votent davantage. La situation serait assez comique. Reste qu'elle ne résoudrait rien, car en réalité le temps ne fait rien à l'affaire, tout le monde croit à la décadence. Ce serait même un invariant anthropologique à en croire un article publié dans *Nature* par deux spécialistes des perceptions humaines, Adam Mastroianni et Daniel Gilbert[1]. À par-

1. Adam M. MASTROIANNI & Daniel T. GILBERT, « The Illusion of Moral Decline », *Nature*, 618 (7966), p. 782-787, 2023.

tir d'un ensemble d'archives et d'enquêtes originales portant sur plus de douze millions de personnes dans soixante pays, ces chercheurs ont étudié l'impression générale d'un recul de la morale.

Quelles que soient la culture et l'époque, les plus vieux voient une dégradation morale chez les plus jeunes, tous estiment que la morale s'effondre, et plus ils remontent loin, plus l'effondrement leur semble important. Pourtant, aucun fait ne saurait confirmer une telle perception. L'abolition de l'esclavage, la lutte contre le travail forcé, la baisse de la criminalité indiqueraient plutôt une réduction mondiale des actes immoraux. Par ailleurs, lorsqu'on les interroge sur eux-mêmes ou sur leurs proches, la plupart des gens estiment que la moralité a bel et bien progressé. Ainsi, la morale s'effondre partout et toujours, sauf ici et maintenant.

L'illusion si largement répandue d'un déclin tient à la mécanique particulière du cerveau humain. La lutte pour la survie l'a encouragé à être attentif à la moindre menace que représenterait le contemporain ou l'environnement immédiat – *biais de négativité* – tout en ne gardant que le meilleur du passé – *biais de positivité mnésique*. « C'était mieux avant » restera donc le lieu commun le mieux partagé de l'humanité.

L'abaissement du seuil de tolérance

Reste que l'Occidental se distingue par un surcroît d'illusion de déclin. Avec en prime le paradoxe d'être le plus pessimiste pour sa société et le plus heureux au monde[1]. Ici encore, la machine à nier le réel qui siège entre ses deux oreilles joue un rôle essentiel. C'est que *Sapiens* n'est pas fait pour être satisfait. À mesure que les choses s'améliorent, il devient plus pointilleux ; au risque de perdre de vue le chemin parcouru et de vivre chaque avancée comme une déconvenue. C'est en tout cas ce qu'ont observé des spécialistes en psychologie et neurosciences sociales et cognitives à partir d'une expérience aussi simple qu'ingénieuse publiée dans *Science*[2].

Sur un écran, ils ont fait défiler des points dont la couleur variait du bleu au violet, et ils ont demandé aux sujets de réagir lorsqu'ils

---

1. Parmi les dix pays dans lesquels les gens se disent les plus satisfaits de leur vie, tous sont des démocraties libérales. Ce qui n'est pas étonnant puisque le bien-être exprimé par la population d'un pays est fortement corrélé à la richesse par habitant, à la qualité des soins, au soutien social, à la liberté individuelle et au niveau de corruption. Voir John F. HELLIWELL *et al.*, *World Happiness Report 2024*, University of Oxford, Wellbeing Research Centre, 2024.

2. David E. LEVARI *et al.*, « Prevalence-Induced Concept Change in Human Judgement », *Science*, 360 (6396), p. 1465-1467, 2018.

estimaient que le point était bleu. Puis ils ont répété l'expérience en réduisant la part des bleus. Résultat : les individus se sont mis à considérer comme bleus les points qu'ils voyaient auparavant violets. L'expérience a été reproduite en remplaçant les stimulus chromatiques par des visages plus ou moins agressifs. Comme précédemment, à mesure que les faciès patibulaires se faisaient plus rares, les neutres ou amicaux se voyaient rangés parmi les menaçants. Lors d'une dernière étape, les sujets durent déterminer le caractère éthique de projets de recherche. À nouveau, lorsque les énoncés les moins éthiques disparaissaient, ceux qui étaient considérés comme ambigus ou neutres devenaient immoraux. Ainsi, qu'il s'agisse de perceptions visuelles ou de concepts complexes, plus un phénomène négatif se raréfie, plus on est enclin à en élargir la définition. Résultat qui se généralise par la formule suivante : plus un problème est résolu, moins on tolère le résidu.

Idéalisation du passé, dénigrement du présent et sensibilité accrue aux détails déplaisants font le lit psychologique du sentiment de décadence. On verra le verre d'autant plus vide qu'il est plein. L'Occidental n'est donc pas un ingrat, il souffre de la malédiction des bien lotis : une hypocondrie morale qui l'incite à toujours rechercher dans sa bonne condition le symptôme d'une pathologie incurable.

2

Les désillusions du progrès

L'élargissement du concept d'insatisfaction, à mesure que ses motifs originels disparaissent, étire les principes de la démocratie libérale jusqu'à leur point de rupture. Si bien que chaque avancée s'assimile à un recul ou à une aggravation, donnant l'illusion d'une société incapable de progresser. On oublie pourtant que l'espoir de lendemains meilleurs et la critique du présent sont les moteurs de la dynamique du progrès. Et l'un comme l'autre ne trouvent à s'exprimer qu'au sein d'un espace de libertés. La force de l'Occident, c'est de reconnaître ses faiblesses.

Le prisme déformant des mécontents

La dissipation des grands maux a rendu l'Occidental hypersensible. Les progrès de la médecine ont bouleversé la perception humaine de la douleur, et avec elle toutes les conceptions eschatologiques. Tant qu'elle semblait inévitable, la souffrance était acceptée, voire célébrée, comme le tribut à payer pour gagner sa place dans un monde meilleur. Le développement des analgésiques, des vaccins et des antibiotiques l'a rendu inacceptable. Les traitements en oncologie ont exacerbé la peur du cancer en même temps qu'ils nourrissent l'espoir de le vaincre. Souffrir a perdu son sens moral et métaphysique ; c'est une chose vaine, inutile, dégradante. À l'inverse, la bonne santé est devenue un droit, et la longévité, le nouveau salut, *hic et nunc*. D'où le risque d'une surconsommation médicamenteuse – et particulièrement d'opiacés –, ce qui traduit une intolérance radicale à la douleur et menace les défenses naturelles de disparition.

L'extrême sensibilité au moindre déplaisir

Il en va de l'esprit comme du corps. Le soin apporté au bien-être moral, à travers le droit et l'évolution des normes sociales, abaisse le seuil de tolérance aux peines de l'âme. C'est encore dans le rapport aux femmes qu'apparaît le plus clairement ce changement, mais aussi les dérives qui l'accompagnent. Elles qui n'avaient pas le droit de posséder un compte bancaire et se trouvaient cantonnées à des emplois précaires ou dévalorisés ont conquis, de longue lutte, une égalité avec les hommes qui relève à présent de l'évidence. Qui peut sérieusement affirmer qu'une femme serait naturellement inférieure à un homme ? Grâce aux mouvements féministes, mais aussi à l'abnégation de certaines femmes pour accéder à la reconnaissance de leurs talents, dans tous les domaines – sciences, droit, philosophie, art et culture – les mentalités ont évolué et le droit a consacré cet état de fait. Aujourd'hui, on élit des femmes aux plus hautes fonctions, on les nomme – encore trop peu il est vrai – aux postes stratégiques, mais surtout, on veille, collectivement, à ce qu'aucune distinction biologique n'entrave leur émancipation. L'égalité salariale est presque atteinte, les jeunes étudiantes sont plus nombreuses que leurs homologues mâles, et sociétés civiles et gouvernements s'attellent à lutter contre les violences faites aux femmes[1].

Ces efforts, qui sont autant de progrès, sont le fruit d'un profond désir d'égalité qui refuse de se cacher derrière les avancées passées. Tant

1. À poste comparable – même emploi, temps plein – le salaire des femmes est 4 % plus faible que celui des hommes (Fanny Godet, « Écart de salaire entre femmes et hommes en 2022 », *Insee Focus*, n° 320, 2024). Concernant la formation, 16 % des femmes n'ont aucun diplôme contre 16,7 % des hommes, et 29,9 % des femmes ont un diplôme supérieur à bac +2 contre 16,2 % pour les hommes (Insee, *Diplôme le plus élevé selon l'âge et le sexe*, données 2023, 2024).

qu'il y aura des femmes violentées, agressées, ou simplement discriminées, nul ne sera satisfait. Tant que subsistera une seule injustice à leur égard, la lutte pour l'émancipation se poursuivra. Comment ne pas se réjouir de cet état d'esprit ? Pourtant, l'abaissement du seuil de tolérance qui accompagne ces avancées fait oublier le chemin parcouru et la trajectoire empruntée. Au lieu de se féliciter de l'amélioration de la situation des femmes dans le monde du travail, on se concentre sur la répartition des rôles au sein du foyer – au point qu'une ancienne candidate écologiste réclamait la « création d'un délit de non-partage des tâches domestiques[1] ». Les attitudes machistes étant condamnées par tous, on s'attaque aux pensées. L'agression s'efface, la micro-agression la remplace. Au sommet de l'inadmissible, l'œillade et le compliment maladroit ont rejoint la main aux fesses.

De même pour les minorités sexuelles. L'homosexualité n'est plus un tabou. Et s'il reste sans doute quelques homophobes, il est clair que les sociétés occidentales dans leur ensemble ont largement dépassé cette réaction stupide. À force de revendications et de manifestations, les perceptions sociales ont totalement changé. Être homosexuel n'a rien d'anormal. Ni une qualité ni un défaut, c'est entré dans les mœurs.

1. Il s'agit évidemment de Sandrine Rousseau dans une interview sur la chaîne Twitch de *Madmoizelle*, le 21 mars 2022.

Excellente nouvelle éclipsée immédiatement par la découverte d'une discrimination contre les transsexuels. Chaque minorité reconnue focalise l'attention sur une minorité plus minoritaire. Et parce que la découverte de son existence s'effectue plus tardivement, on s'indignera d'autant plus et on réclamera par conséquent davantage de droits.

Il y aura donc toujours une raison d'être mécontent : un propos gênant, une personne discriminée, une situation indésirable. Tant mieux. Car c'est l'assurance de la dynamique du progrès que de ne jamais se satisfaire du *statu quo*. Que de nouvelles défaillances se fassent jour à mesure qu'on surmonte les anciennes n'est pas un signe de décadence. L'indignation et la revendication ne sont pas l'expression d'une société devenue trop puritaine, comme le déplorent les conservateurs ; pas plus que la subsistance d'inégalités et d'injustices ne traduit une société intrinsèquement viciée, comme le clament les progressistes. C'est la preuve incontestable de sa supériorité morale. Une société honnête et sûre d'elle-même, où tout est mis sur la table et rien sous le tapis. Encore faut-il, pour s'en apercevoir, être conscient de cette tendance à se focaliser sur ce qui dérange, sans quoi le risque est grand de commettre des erreurs d'interprétations.

Des interprétations trompeuses

Un événement anodin, mais fort intéressant, illustre parfaitement cette tendance fâcheuse. En février 2024, l'organisation World of Statistics publia sur les réseaux sociaux un classement mondial des pays selon le nombre de viols qui y avaient été rapportés. Les résultats, qui plaçaient le Royaume-Uni et la Suède en tête (avec respectivement deux cent cinquante-sept et cent quatre-vingt-dix viols reportés pour cent mille habitants) suivis par une majorité de pays occidentaux, déclenchèrent une vague d'indignation et d'interrogation sur le *web*. Sur les forums en ligne, des jeunes gens tentaient de comprendre ce qui pouvait expliquer ce surcroît de barbarie dans leur propre pays. Il faut dire que, à l'appui de ces constats, le Nigeria, le Pakistan, l'Égypte et, dans une moindre mesure, l'Inde apparaissaient comme des lieux particulièrement sûrs pour les femmes (moins de deux viols reportés pour cent mille habitants dans les premiers, neuf pour le second).

À la lecture de ces discussions, nul doute que l'inquiétude fut sincère et le désarroi total. En toute sincérité, les participants avançaient des hypothèses qui traduisaient une grande capacité à l'autocritique. Était-ce lié au laxisme occidental ? à une conception barbare et patriarcale de la société qui survivait dans les tréfonds de l'inconscient collectif ? à l'absence de religiosité et de morale ? En réalité, et fort heureusement, nombreux furent ceux qui trouvèrent la seule réponse logique : les chiffres portaient sur les cas de viols rapportés, c'est-à-dire dévoilés, faisant l'objet d'une plainte. Or, l'on est d'autant plus incité à révéler une agression qu'elle sera reconnue et sanctionnée. Dans un pays qui ne garantit pas la protection des femmes, qui les considère comme la propriété de leur époux, là où elles sont privées des droits les plus élémentaires, mieux vaut encore se taire. Raison pour laquelle les pays dans lesquels les femmes sont le mieux représentées, et l'état de droit solidement ancré, sont aussi ceux qui présentent le taux le plus élevé de viols et d'agressions rapportées.

Poussés par la pulsion d'insatisfaction, les jeunes gens inquiets des résultats de ce classement avaient confondu absence et silence. Que le mouvement MeToo n'ait eu aucun effet au-delà des démocraties devrait avant tout alerter sur l'impunité dont jouissent encore les hommes dans le reste du monde. Le mal existe partout ; ce n'est pas parce qu'on le tait qu'il disparaît. Bien au contraire. Ceux qui n'ont de cesse de critiquer l'immoralité de la démocratie libérale et font de ses défenseurs les nouveaux Pangloss de l'Occident feraient bien de s'en souvenir[1]. Si les homosexuels ne s'expriment pas en Russie ou dans les pays arabes, ce n'est pas qu'ils y sont heureux, mais qu'ils n'y ont pas droit de cité. Si les gens ne se plaignent pas dans les dictatures, c'est uniquement parce qu'ils ne le peuvent pas. Si les Chinois n'interrogent pas leur histoire, ce n'est pas qu'ils en sont fiers, mais que la critique y est censurée. Alors oui, à rebours de ce que pensent les mécontents, jouant Candide (Leibniz) contre Voltaire, il faut l'affirmer haut et fort : en Occident, *tout va bien dans le meilleur des mondes*, justement parce qu'on admet que tout ne va pas si bien et qu'il reste encore beaucoup à faire.

Ni victime ni coupable

Toute guérison commence par l'acceptation. Pour lutter contre une pathologie, quelle qu'elle soit, il faut nécessairement avoir conscience de

1. J'ai eu cet insigne honneur, parmi d'autres, dans un article du magazine *Marianne*, lors de la publication de *L'Aube des idoles* : Pauline Paurro, « Tout va bien dans le meilleur des mondes : les nouveaux Pangloss du néolibéralisme », 7 mars 2019. Outre le fait que j'y étais dépeint comme un illuminé ne croyant que les chiffres, ce qui me paraît difficilement critiquable, je me voyais aussi affublé de l'épithète de néolibéral, terme indéfinissable et toujours connoté négativement dans lequel je ne saurais donc me reconnaître.

son existence. Oubliant cette évidence, l'Occidental, obsédé par sa santé morale, exaspère ses vices et atténue ses vertus. Comme le vieux Zosime des *Frères Karamazov*, il adhère au principe selon lequel « chacun de nous est coupable devant tous pour tous et pour tout, mais moi plus que les autres[1] ». Mais plus royaliste que le roi, il fait de cette métaphysique une réalité sociale et politique : il se croit réellement responsable de tout et de tous et ce faisant oublie la responsabilité des autres. Hybris inversée qui sublime la culpabilité et élève la victime au sommet de la condition humaine.

À l'homme en quête de sainteté s'offrent deux voies, et seulement deux : la souffrance éternelle ou le repentir permanent. Prouver son statut misérable ou expier la misère des autres. Et puisqu'il est plus louable d'être victime que bourreau, chacun doit faire la démonstration de son malheur. Cette perversion brouille toutes les perceptions diplomatiques et conduit aux pires aberrations politiques. Pour les dictateurs de tous bords, il s'agit de la meilleure arme de communication. À l'abri de ce parapluie moral, ils ont tout loisir d'accuser un bouc émissaire prêt à endosser toutes les responsabilités à leur place.

1. Fiodor Dostoïevski, *Les Frères Karamazov*, Gallimard, « Bibliothèque de La Pléiade », p. 310.

Un bouc émissaire idéal

Ainsi l'échec du « printemps arabe » serait en partie la faute des démocraties libérales, incapables de soutenir l'élan populaire car trop attachées à leurs relations avec les tyrans locaux pour les uns, tétanisées par l'idée d'imposer leurs propres principes pour les autres[1]. *Idem* concernant les origines de ce mouvement populaire qui enflamma la côte méditerranéenne : le « pacte postcolonial » – qui promettait l'enrichissement de la population, l'indépendance internationale et l'émancipation individuelle – aurait tenu grâce à un pouvoir fort et à une économie planifiée jusqu'au virage libéral des années 1970, qui aurait entraîné la faillite du modèle en substituant à la colonisation une dépendance par la dette extérieure[2]. La cause des révoltes, c'est donc l'Occident. Leur échec ? Encore l'Occident. Leur situation actuelle ? Toujours l'Occident. Autocrates et antidémocrates, qui n'en demandaient pas tant, n'ont qu'à citer les chercheurs

1. On pourra trouver un florilège d'explications imputant tout ou partie de la responsabilité de cet échec démocratique à l'Occident dans les propos recueillis par le journal *L'Express* dans un article du 7 décembre 2020 intitulé « Printemps arabe : comment l'Occident a raté son rendez-vous avec l'histoire ».

2. Telle est la thèse soutenue par les auteurs de *L'Esprit de révolte*, publié en 2020.

occidentaux pour se dédouaner. De même pour les peuples arabes, qui ont pourtant offert un plébiscite aux islamistes opposés à tous les principes démocratiques lors des premières élections libres.

Sur le plan international, l'Occident restera pour toujours le seul et unique responsable. Quand bien même, comme le rappelle Abnousse Shalmani dans son magnifique livre *Laïcité, j'écris ton nom*, « l'histoire nous enseigne que nul peuple, nulle nation, nul pays n'a le privilège de la beauté ou de l'humanisme, comme aucun pays et aucun peuple n'a les mains propres[1] ». Oui, quelles que soient sa culture et son ethnie, à toutes les époques et en tout lieu, l'homme est un animal qui tue. Pourquoi seul l'Occidental devrait-il en être comptable et coupable ? Au XXe siècle, l'Empire ottoman a commis deux génocides (arménien en 1915, assyro-chaldéen en 1915-1918) ; les Khmers rouges soutenus par Mao ont massacré au moins un million de Cambodgiens entre 1975 et 1979, puis il y a eu l'horreur du Rwanda en 1994, et aujourd'hui encore le calvaire des Ouïghours en Chine, des Rohingyas en Birmanie, de la Syrie, de l'Afghanistan, de l'Iran, du Yémen. La seule différence entre ces atrocités et celles commises par l'Occident, c'est que ce dernier reconnaît ses crimes.

1. Abnousse SHALMANI, *Laïcité, j'écris ton nom*, Éditions de l'Observatoire, 2024, p. 62.

Tremper la plume dans la plaie, c'est ce qui fait sa singularité.

Ironie de la vertu, ce souci d'honnêteté fait sa culpabilité. Dans l'inconscient victimaire, abondamment entretenu par les Occidentaux eux-mêmes, le monde eût été meilleur s'ils n'avaient simplement pas existé. L'esclavage arabe n'aurait pas eu lieu et ne se poursuivrait pas encore aujourd'hui, les femmes ne seraient pas maltraitées dans les théocraties et les dictatures, il n'y aurait pas de prisonniers politiques ni de conflits militaires. Certains prétendent même qu'avant que le continent africain ne fût souillé par les Européens, il était un paradis civilisationnel et technologique, à l'image du Wakanda inventé par des auteurs de *comic books* juifs américains... Encore cet Occident qui vient corrompre jusqu'aux fantasmes des révisionnistes décoloniaux... On pourrait en rire ; sauf qu'une telle logique relève de la pire forme de racisme : celle qui, sous couvert de charité, nie à certaines populations jusqu'à leur capacité de discernement. Car affirmer que seul l'Occidental est responsable lorsqu'il commet un crime, c'est sous-entendre que le non-Occidental en serait encore à un stade trop infantile ou arriéré pour comprendre ce qu'il fait. Mis sous tutelle, car handicapé, par essence ou par nature. Soit une absolution par déshumanisation. Une suspension de la morale qui réduit l'homme à l'animal ; et fait du coupable la victime de son supposé handicap racial.

La passion victimaire

Cette attitude malsaine explique sans doute aussi l'étrange traitement dont Israël fait l'objet. Seule démocratie libérale, très imparfaite, du Moyen-Orient, ce minuscule pays cristallise la haine de soi occidentale et s'apparente au grain de sable qui menace d'enrayer la mécanique autoritaire. Pour les États voisins, son existence est la preuve que les principes de liberté, d'égalité et de fraternité peuvent s'exporter au-delà du Vieux Continent et de la culture chrétienne, et qu'une société prospère composée d'individus libres peut être créée, à partir de rien, au milieu d'un désert de cactus bientôt remplacés par des eucalyptus[1], si ceux qui lui donnent forme ont l'émancipation chevillée au corps. Intolérable expérience qui renvoie à ceux qui l'entourent le reflet de leur faillite tant matérielle que morale.

Tout aussi inacceptable est l'image qu'elle retourne aux sociétés occidentales ayant cédé à la passion victimaire. Car voilà que l'une des leurs se défend pour sa survie ; mieux encore, elle refuse de porter la responsabilité de la haine qu'elle suscite, affirme sa puissance et

1. Joseph KESSEL, *Reportages en Israël*, Arthaud, 2021, p. 38.

revendique son droit à exister. Pas victime pour un sou, Israël, alors qu'il s'agit sans doute de la démocratie libérale la plus attaquée depuis sa création. Une telle attitude ne peut que semer le trouble parmi des populations droguées au sentiment de culpabilité. D'où ce nouvel antisémitisme d'une gauche soucieuse des damnés de la Terre : le Juif victime de la Shoah éclipsait, par l'horreur de son histoire, toutes les autres victimes, ce qui légitimait une forme de détestation, mais il n'en demeurait pas moins du côté des opprimés. Ayant gagné la capacité de se défendre, il a abandonné son statut de victime, ce qui en fait, dans cette logique binaire, un oppresseur, et le pire de tous puisqu'il a trahi sa nature de martyr. Transfuge d'une classe dont il était le symbole, soit une double raison de le haïr pour qui exalte le dolorisme. À cet égard, Pascal Bruckner rappelle cette réflexion terrible d'un sociologue israélien : « Le monde ne pardonnera jamais Auschwitz aux Juifs[1] », à quoi on pourrait ajouter : « et encore moins la création d'Israël ».

L'attitude vis-à-vis des Juifs n'a pourtant rien de singulier ; elle est l'expression paroxystique d'un renversement des valeurs, à l'intérieur même des sociétés occidentales, qui célèbre la faiblesse et vilipende le courage. Le héros

---

1. Pascal BRUCKNER, *Je souffre donc je suis*, Grasset, 2024, p. 102.

n'est plus celui qui s'extrait de sa condition, mais celui qui s'y enlise. L'horizon des grands hommes n'est plus le Panthéon, mais la cour des Miracles. Être victime devient un titre de noblesse qui octroie des privilèges : « C'est une aristocratie des dolents qui esquisse un système de castes à l'envers où le fait d'avoir subi un préjudice remplace les avantages de la naissance[1] » ; un dolorisme qui se fait loi. La logique intersectionnelle – qui n'a plus rien de commun avec la thèse initiale de Kimberlé Crenshaw qu'aucun militant n'a vraisemblablement lue[2] – et la synthèse identitaire[3] sont les formes politiques les plus abouties de cet état d'esprit vicié. Considérant que l'humain ne

1. *Ibid*, p. 83.

2. Voici ce qu'en dit l'intéressée : « J'ai déjà lu des choses qui disaient "l'intersectionnalité, blablabla", et je me suis demandé, "tiens, c'est l'intersectionnalité de qui ça ?" avant de voir qu'on me citait à la fin, et de me dire, "mais je n'ai jamais écrit ça, je n'ai jamais dit ça, ce n'est tout simplement pas comme ça que je conçois l'intersectionnalité" » (Yascha MOUNK, *Le Piège de l'identité. Comment une idée progressiste est devenue une idéologie mortifère*, Éditions de l'Observatoire, 2023, p. 106.)

3. L'expression synthèse identitaire, proposée par Yascha Mounk (*ibid.*, p. 19), regroupe un corpus d'idées progressistes « issues d'une large gamme de traditions intellectuelles et qui s'intéresse, au premier chef, au rôle que jouent dans le monde les catégories identitaires, telles que l'origine ethnique, le genre et l'orientation sexuelle ». Autrement dit, il s'agit d'une définition neutre de ce qu'on nomme couramment dans le débat public l'idéologie identitaire ou *woke*.

saurait penser au-delà de sa couleur, de son genre ou de son ethnie, elles proposent de dépasser cette incapacité en différenciant les droits et les traitements. Des écoles pour les Blancs (et les Juifs), d'autres pour les *racisés* ; dans les lieux publics, des créneaux horaires dédiés pour certaines religions ; des espaces protégés pour les minorités ; et demain, des juges et des représentants politiques pour chaque groupe, n'ayant autorité que sur leurs semblables, car seuls des êtres identiques, partageant une essence commune, seraient en mesure de véritablement se comprendre.

Ainsi, elles n'appellent rien de moins que la destruction des principes de la démocratie libérale. Le remplacement de l'égalité devant le droit par la discrimination positive, de la liberté par la ségrégation et de la fraternité par le communautarisme. Face à l'expression de ces victimes de l'intérieur, qu'il n'avait pas vue venir, l'Occidental se sent démuni et ne peut que faire amende honorable – avant sans doute de se révolter et de menacer à son tour les principes au nom desquels il voudra lutter. Pourtant, une telle situation s'avère déjà intenable, et cela pour deux raisons : aucune société ne peut survivre à la hiérarchisation des peines, et le statut de victime avilit plus qu'il ne libère.

C'est bien connu, il y aura toujours plus malheureux que soi. D'où la nécessité de classer les êtres selon leur degré d'afflictions, réelles ou ressenties. Or les identités victimaires sont fluides, chacun pouvant être simultanément agresseur et agressé, discriminant et discriminé, comme le constate l'antihéros du *Voyant d'Étampes* après avoir eu l'outrecuidance d'exhumer les poèmes d'un auteur noir alors qu'il est blanc : « la femme non racisée homosexuelle est à la fois oppresseur (en tant que Blanche) et opprimée (en tant que femme et homosexuelle). Tout cela était assez pointu. Dans certaines situations, le jeune militant ne savait même plus s'il avait le droit de se plaindre. Les identités opprimées entraient en conflit les unes avec les autres. Une femme agressée par une personne racisée pouvait-elle encore prétendre au statut de victime ? Il avait bien fallu hiérarchiser. En gros, la reine des souffrances (la quinte flush, celle qui fermait la gueule de tout le monde) était celle de l'individu racisé. Devant l'homme cisgenre racisé, même un transsexuel blanc s'inclinait : ses propres souffrances lui paraissaient soudain dérisoires[1]. »

Le piège de la justice sociale

Une telle absurdité rend toute justice inopérante, car elle fait dépendre les droits de chacun

1. Abel Quentin, *Le Voyant d'Étampes*, Éditions de l'Observatoire, 2021, p. 169.

de l'identité de celui qui les enfreint. Ainsi, une femme blanche agressée par un homme blanc serait une victime, mais les torts seraient partagés dans le cas où l'auteur serait *racisé*, car autrement le stigmate social s'en trouverait renforcé. De même, le statut de l'homophobie dépendrait de celui qui s'en réclame : s'il est moins victime que l'homosexuel, sa culpabilité ne fait aucun doute ; autrement, cela se discute. Ces exemples, malheureusement réels, démontrent l'impossibilité de garantir la moindre justice dès lors que les êtres sont définis par une essence victimaire. Par définition, celle-ci réfute l'idée d'égalité, et fait de toute interaction un rapport de force, une relation de dominant à dominé. Pire encore, en assignant chacun à une position prédéterminée, elle prive ceux qu'elle désire émanciper de toute possibilité de sortir de leur condition. Le discriminé ne sera jamais rien d'autre qu'un discriminé, une victime une fois pour toutes, c'est-à-dire un être fragile, bénéficiant de tous les droits, et responsable de rien. Pareil à un enfant dépourvu de toute faculté de discernement. Telle est la conséquence ultime de la victimisation, qui sort de la communauté des hommes les individus et les peuples qu'elle croit y faire entrer.

Au bout de cette voie, il n'y a rien à gagner pour les véritables victimes d'injustices, et tout à perdre pour les démocraties libérales. Analysant ces organisations encore en gestation, Tocqueville en avait fait la démonstration, avec une acuité stupéfiante qui s'apparente presque à de la prescience[1]. Il a vu, mieux que quiconque, comment la démocratie exaspérait ce qu'il nomme la « passion pour l'égalité » et comment celle-ci finirait par réduire toutes les libertés. Son intuition géniale repose sur un constat, en apparence trivial : le caractère distinctif, unique, de la démocratie n'est pas la liberté – qui s'est manifestée ailleurs et en différents temps, dit-il –, mais l'égalité des conditions. Or, l'égalité a ceci de particulier qu'elle est insatiable. Contrairement à la liberté – on est libre ou on ne l'est pas –, elle n'en finit jamais d'étendre son domaine d'influence et de révéler son imparfaite application. Une fois égaux devant la loi, les citoyens observent des inégalités de traitement, de revenus, des chances : « La passion de l'égalité pénètre de toutes parts le cœur humain, elle s'y étend, elle le remplit tout entier », au point de nier ce qui fait le propre de l'homme.

Plus de cent ans avant son apparition, Tocqueville dénonce ainsi le piège de la justice sociale. Développée par le philosophe John

1. *De la démocratie en Amérique*, t. II. (1840), Gallimard, « Folio histoire », 1999. Les citations qui suivent proviennent de la deuxième partie de l'ouvrage, chapitre I, p. 137-142.

Rawls[1], cette théorie propose de redéfinir la justice comme la protection de la capacité de chacun à choisir quel bien poursuivre, et d'en faire le fondement unique de toute organisation sociale. Et, selon lui, pour effectuer un tel choix, il faut être libéré des contraintes sociales, culturelles, économiques, morales qui limitent l'éventail des possibles. L'égalité parfaite n'est alors possible qu'à condition d'élaborer des lois à partir d'une expérience de pensée qui consiste à imaginer quelle serait la société idéale si l'on ne connaissait ni la position et le rôle qu'on y occuperait, ni le bien qu'on désirerait poursuivre. L'idée est géniale, mais dangereuse ; car derrière ce *voile d'ignorance*, l'homme est vidé de sa substance. Sans origine ni racine, sans but précis et sans éthique qui préexiste, le voilà réduit à un état fantomal que plus rien ne rattache à ses congénères.

L'égalité, comme principe exclusif, mène inévitablement à un relativisme absolu. On ne saurait juger le bien ou le mal des conduites adoptées, puisque tout se vaut par définition. Il ne peut plus également y avoir de communauté, puisque celle-ci se fonde sur des croyances partagées, des mythes hérités, des us et coutumes dont on a perdu le sens, mais qui façonnent les interactions, et par là, selon Rawls, s'imposent

1. Pour une présentation complète, voir *Théorie de la justice*, Seuil, 1987.

à tous et privent chacun de la possibilité de s'en émanciper. Plus de filiation non plus, car agir aujourd'hui pour améliorer la condition de ses descendants constitue une rupture d'égalité des chances avec ceux qui n'auront hérité de rien. Plus de biologie, car celle-ci détermine un genre, un corps, qui s'imposent à soi et aux autres. Plus de liberté enfin.

Pétris d'égalité, les héritiers de Rawls ont choisi d'ignorer ces biais et d'appliquer cette théorie dans sa version la plus extrême. Se croyant fidèles au maître, ces disciples, que l'on retrouve souvent, mais pas exclusivement, parmi les partisans de la synthèse identitaire, voient dans toute forme de discrimination une injustice sociale qui appelle une intervention politique visant à l'abolir. Logique qui se traduit par une inflation normative et l'introduction de règles liberticides et tribales. Interdiction de la transmission du patrimoine, fiscalité confiscatoire – car il y aura toujours quelqu'un d'un peu plus riche que les autres –, délit de discrimination capillaire, droit pour un homme qui se sent femme de participer à des compétitions sportives féminines ou d'être incarcéré dans une prison pour femmes quand bien même il aurait été condamné pour en avoir violé, interdiction de genrer les êtres selon leur sexe – appeler « monsieur » un homme et « madame » une femme –, restriction des manifestations de la culture dite « majoritaire » dans l'espace public – plus de crèches ou de sapins de Noël –, interdiction de conditionner certaines fonctions ou interactions à l'obtention d'un diplôme – trop aristocratique – ou aux ressources – trop bourgeois.

Tout ce qui est hérité ou déterminé doit disparaître. Et tant pis si cela marque le retour de ce que Tocqueville nommait « les petites sociétés ». Inutile de les mettre en garde, car ils n'en ont cure : « Ne dites pas aux hommes qu'en se livrant aussi aveuglément à une passion exclusive, ils compromettent leurs intérêts les plus chers ; ils sont sourds. Ne leur montrez pas la liberté qui s'échappe de leurs mains, tandis qu'ils regardent ailleurs ; ils sont aveugles, ou plutôt, ils n'aperçoivent dans tout l'univers qu'un seul bien digne d'envie. » On ne saurait mieux dire. Ainsi, derrière l'idéal de justice sociale se tapit toujours l'envie, *cette haine du bien parce qu'il est le bien* et qu'on ne parvient pas à l'obtenir, disait Ayn Rand[1]. Et parce qu'ils refusent de le reconnaître, ceux qui se présentent comme des « éveillés » (*woke*) éteindront les Lumières. Non par désir, mais parce qu'à force d'étirer les principes dont ils se font les hérauts, ils finiront inévitablement par les briser. « Ceci tuera cela », écrivait Victor Hugo, observant

1. *Return of the Primitive* (1971), Penguin Publishing Group, 1999, p. 152.

que la diffusion de la Bible vidait les églises[1]. Il en sera de même des nouvelles techniques de lutte contre les inégalités : le *racialisme* tuera l'antiracisme, le néo-féminisme tuera le féminisme, l'indigénisme tuera la laïcité. La justice sociale, poussée à sa limite, détruira tout ce qui est juste. La passion de l'égalité et le refus de la réalité creusent le tombeau de la liberté.

Le bois tordu de l'humanité

En dernière analyse, l'illusion de la décadence se nourrit d'un désir de perfection dont le réel ajourne sans cesse la satisfaction. C'est qu'à mesure que la situation s'améliore une vérité se fait jour : chaque déplaisir qui subsiste, chaque petit défaut qui résiste, ne saurait être éliminé sans mettre en péril l'ensemble de l'édifice. L'émancipation de tous est à ce prix.

Car l'homme est un animal compliqué. Programmé à attendre mieux de son existence que la simple survie, il aspire à un idéal dont il refuse l'impossibilité pratique. Il a soif de liberté et désire que soit reconnue sa dignité ; il est épris de justice et ressent de l'empathie pour ses semblables et ce qui l'entoure ; il a un monde en lui, mais ne peut vivre sans les autres ; il

1. *Notre-Dame de Paris* (1831), Pocket, 1998, p. 222.

change et évolue par imitation et par confrontation. Il est dual, composite, fragmenté, sans identité fixe ni essence définie une fois pour toutes ; un ensemble de « pièces rapportées », disait Montaigne. Or, si tous ces éléments sont nécessaires à la conduite d'une vie bonne, ils n'en demeurent pas moins aussi indéfinissables qu'irréconciliables.

C'est l'immense mérite d'Isaiah Berlin d'avoir mis en évidence cette douloureuse vérité[1] : celui qui tout à la fois désire une liberté totale et une égalité absolue, plaide pour la souveraineté d'une communauté et la primauté de l'individu, appelle simultanément de ses vœux la justice et la compassion, rêve d'une société sociale et entrepreneuriale, et aspire à la fraternité et à l'universalité ; celui-là ne veut en réalité *rien*. Car il demande l'impossible et n'a d'ailleurs aucune idée précise de la façon dont un tel miracle pourrait advenir. Lorsque ses idéaux s'entrechoquent et se fracassent les uns contre les autres, il lui faut choisir, de façon arbitraire, et accepter encore que l'issue sera nécessairement décevante.

Il ne s'agit pas de pessimisme. Au contraire, on pourrait bien affirmer que l'homme a découvert, dans la démocratie libérale, le meilleur moyen de concilier des attentes conceptuellement

1. Lire en particulier *Le Bois tordu de l'humanité* (1959), Albin Michel, 1992.

contradictoires. Toutes les valeurs essentielles y sont présentes et tiennent ensemble en dépit de la force de répulsion qu'elles exercent les unes sur les autres. Situation imparfaite, mais indépassable dès lors qu'on quitte le ciel des idées pour revenir sur terre. Or, c'est précisément à cela que se refuse l'Occidental. Parvenu si près du but, il ne peut se résoudre à la subsistance du moindre défaut. La perfection est pour maintenant, pense-t-il. Aussi, dès que son idéal se heurte à la réalité, s'accroche-t-il à la première et renie-t-il la seconde.

Coexistence du pire et du meilleur : le cas Céline

À cet égard, le cas Céline est particulièrement éloquent (pour un lecteur français du moins). Que l'auteur du *Voyage au bout de la nuit* puisse faire l'objet d'interminables débats illustre parfaitement ce refus d'un monde imparfait. C'est que le personnage détruit, par sa vie et son œuvre, toute possibilité de croire encore en une forme de justice immanente, d'ordre cosmique, bref d'un monde soucieux de l'homme. Maître du rythme et des mots, inventeur d'un style unique – un parler soutenu ou un argot châtié – qui est à l'écriture ce que le jazz est à la musique, l'écrivain génial fut aussi un être cupide et veule, un lâche et un raciste, un personnage ignoble, sans morale ni vergogne, qui n'a cessé de se poser en victime et n'a jamais fait montre de la plus petite once d'honneur. Littérateur éblouissant et petit homme pathétique, qui ne fut pas même un salaud, rien qu'une ordure.

Céline est tout cela, mais rares sont ceux qui l'admettent. Pour la plupart, il convient de nier l'une ou l'autre de ses facettes. Comme si, contaminé par la vieille idée de l'unité du beau, du bien et du vrai, celle de Platon et de Plotin, on ne pouvait se résoudre à ce qu'un être aussi abject eût pu avoir tant de génie. Car cela reviendrait à accepter qu'il n'y ait rien de parfait ici-bas ; que le talent ne soit pas réparti au mérite, pas plus que la beauté n'aille de pair avec la bonté. Pourtant, les choses sont ainsi faites. Céline était une figure du mal, figure lamentable et sans panache qui plus est, mais il savait écrire. Et bien des êtres moralement irréprochables auront eu des vies tristes et sans succès.

Dans un bois aussi tordu que celui de l'humanité, on ne façonnera jamais rien de bien droit. Rien à faire. Parfois, on s'illusionne et on se convainc du contraire, lorsque, presque par miracle, des qualités exceptionnelles se réunissent en un seul être ou en un seul lieu. C'est vrai, il y a eu Camus, impeccable de bout en bout, immense, humble et héroïque ; il y a eu

Romain Gary ; et les Justes du Chambon-sur-Lignon ; qu'ils en soient remerciés et admirés pour toujours. Mais à ces quelques exceptions près, les hommes et les choses ne sont jamais parfaits, presque partout règnent le chaos et la nuance, des teintes de gris.

La tectonique du progrès

L'intolérance croissante à ce qui déplaît, la passion de l'égalité et le refus de la réalité sont les sources psychologique, morale et philosophique de l'illusion du déclin à la confluence desquelles naît le torrent antidémocratique qui traverse à présent toutes les nations occidentales. Certes, les affluents varient de l'une à l'autre, ici l'immigration, là les élites, tantôt le cosmopolitisme, tantôt la finance internationale, mais derrière ces différences de façade, c'est une haine commune qui fait son lit. Haine à l'égard du système. Envie d'ailleurs et de meilleur. « C'est pas juste » est le cri de ralliement des partis, populistes et populaires, qui promettent de renverser la table.

Mais qu'est-ce qui n'est pas juste à la fin ? Que l'émancipation s'acquière au prix de la frustration de son imagination. Tant qu'elle demeure un rêve, informe et flou, elle peut revêtir tous les aspects et promettre de combler toutes les attentes. Une fois matérialisée, elle s'impose et met chacun devant ses propres contradictions. L'Occidental agit alors à la manière de Swann qui, dans cette scène drolatique de *Du côté de chez Swann*, réalise qu'Odette, qu'il aime, est une femme entretenue. Incapable d'accepter qu'elle soit simultanément une femme aimée et une femme payée, il finit par se convaincre qu'elle ne peut être l'une puisqu'elle est déjà l'autre et décide de lui donner plus d'argent encore[1]. Constatant que la démocratie lui offre tout ce qu'il désire – liberté, égalité, fraternité – au prix d'une éternelle insatisfaction, l'Occidental est saisi du même accès de paresse d'esprit et finit par se convaincre que, ne pouvant simultanément tout lui donner et susciter le manque, la démocratie ne lui apporte rien.

À cet égard, la dernière campagne des élections législatives en France fait figure de cas d'école. Suite à la dissolution de l'Assemblée nationale par Emmanuel Macron – décision aussi puérile qu'inconséquente –, le Rassemblement national et le Nouveau Front populaire ont publié des programmes économiques absurdes dont l'application – si elle avait lieu – ne pourrait qu'entraîner la ruine du pays et plonger les plus précaires dans la misère. Dépenses non financées, alors que la dette avait déjà atteint

1. Marcel PROUST, *À la recherche du temps perdu*, *Du côté de chez Swann*, Grasset, 1914, p. 246.

des niveaux inquiétants, baisse de l'âge de la retraite, alors que les entreprises peinaient à trouver de la main-d'œuvre, augmentation du salaire minimum, au moment où la productivité et la compétitivité se détérioraient, blocage des prix des produits agricoles et augmentation des revenus des agriculteurs – et pourquoi pas ! – interdiction de renvoyer un locataire ne payant pas ses loyers sans lui avoir trouvé un logement de remplacement – afin que plus personne ne paye jamais sans doute – ; et tout cela gratuitement, bien sûr.

Pourtant, les intentions de vote n'ont pas baissé. Ces propositions, qui auraient dû susciter un immense éclat de rire généralisé et disqualifier leurs auteurs, furent sans effet sur les choix des électeurs. Alors qu'ils plaçaient le pouvoir d'achat et l'économie au centre de leurs préoccupations. Alors surtout qu'en la matière aucun président n'avait eu un bilan aussi bon que celui qu'ils s'apprêtaient à punir. C'est que, pour ces Swann, Emmanuel Macron était justement leur Odette : impossible qu'une personne qu'ils détestent – et qu'ils jalousent un peu aussi – ait pu tant leur apporter. Et plus largement, impossible que l'amélioration du pouvoir d'achat en France, la création d'un million d'emplois, la maîtrise de l'inflation et la protection des entreprises pendant la pandémie n'aient pu suffire à leur bonheur.

Face à l'alternative imposée – poursuivre dans la démocratie avec un dirigeant injustement détesté ou la mettre en péril avec des imbéciles dangereux –, puisque de deux maux il faut choisir le pire, ils ont opté pour la voie sans issue : la table rase.

Bien sûr, ils ne voulaient pas explicitement abîmer les institutions et l'économie. Rares étaient ceux qui rêvaient d'une révolution. Juste quelques petites modifications du jeu démocratique et des institutions ici et là, pour en améliorer l'ensemble. C'est ainsi que s'effondrent les sociétés libérales. Elles meurent de l'intérieur. Par excès de désir. Surtout si tout va bien. Car ce système est la plus fragile des organisations ; la plus lente aussi. Pour une raison évidente : chaque action doit être pensée, mesurée puis validée à l'aune de principes et de critères constitutifs de la reconnaissance de la dignité humaine. Aucune décision n'est prise à la légère ; on ne s'amuse pas avec les hommes lorsqu'on reconnaît leur inestimable valeur. D'où une certaine inertie, qui rend la situation d'autant plus frustrante que chacun est en droit d'espérer et dispose de tout ce dont il a besoin pour réaliser ses rêves.

La frustration, carburant de l'Occident

Tout le paradoxe est là. Parce qu'elles prennent l'être humain comme une fin en soi, avec toutes les complexités que cela suppose, les sociétés occidentales forment le seul espace propice à son plein épanouissement. Mais un tel miracle n'est possible qu'à la condition qu'existe un décalage entre les aspirations de la population et sa situation. Décalage aux deux sens du terme : absence de concordance, à un instant donné, entre désirs et réalité ; écart temporel entre l'expression des désirs et leur satisfaction. C'est donc à tort qu'on juge les démocraties libérales décadentes au motif qu'elles déçoivent. Ce qu'on perçoit comme une faiblesse est sa plus grande force. Son arme secrète. Frustration et impatience sont les carburants du progrès occidental.

Que l'on se refuse à l'accepter ne change rien à l'affaire. Cela révèle simplement l'incapacité de la plupart des gens à « voir ce qu'ils voient », comme le disait Péguy. Ceux qui se lamentent de l'état de la société, voire de la planète pour ceux qui ont la compassion généreuse, devant leur écran de smartphone devraient dans le même mouvement se réjouir. Car les catastrophes, soit on les lit, soit on les vit. Qui a le temps de pleurer tous les malheurs du monde ne souffre d'aucun. Ne pas avoir conscience de cette réalité ne peut qu'aboutir à des erreurs d'appréciation et à de mauvaises décisions. L'impression que la pauvreté s'accroît, que la violence augmente partout, que rien n'est fait face au changement climatique, que les inégalités s'accentuent, que les démocraties sont faibles ou que l'Occident décline est une idée fausse qui résulte d'une inaptitude à reconnaître le progrès lorsqu'il se présente et conduit à en entraver la marche.

Comme le note Hannah Ritchie dans *Not the End of the World* (ouvrage qui démontre que les défis climatiques et environnementaux sont en passe d'être relevés par les démocraties libérales), les changements qui façonnent le monde ne sont pas rares, ponctuels et surprenants. Ils ne font pas événement. C'est à tort qu'on les nomme, *a posteriori* toujours, « révolutions » ; car pour ceux qui les vivent, il n'y a pas de rupture nette entre un avant et un après. Le moteur du changement est lent, souterrain, il travaille les sociétés et les hommes de façon imperceptible, mais avec une force telle qu'au bout d'un certain temps le monde est devenu méconnaissable. On ne voit pas le progrès – pas plus qu'on ne perçoit la naissance d'une montagne ou la dérive des continents –, chose qui conduit à nier son existence. L'excellent *Don't Look Up* en est l'illustration parfaite. Il critique l'incapacité des hommes à regarder la catastrophe en face, alors que c'est précisément parce qu'ils sont obnubilés par celle-ci qu'ils ne voient même pas qu'ils l'ont déjà évitée. À force de regarder le ciel des idées apocalyptiques, ils passent à côté des progrès qui se multiplient ici-bas, et éloignent chaque jour la tempête des catastrophes annoncées.

Mais faut-il le déplorer ? Au contraire. Parce qu'il est dans sa nature de se penser en crise[1], sur le point de sombrer, l'Occidental est condamné à avancer. Son inquiétude et sa fébrilité sont ses plus sûrs atouts, son rocher de Sisyphe et sa roue d'Ixion : la promesse d'un inarrêtable progrès ayant pour prix une éternelle contrariété.

1. Guillermo A. O'Donnell, « The Perpetual Crises of Democracy », *Journal of Democracy*, 18 (1), p. 5-11, 2007.

Troisième partie

Le fardeau de la victoire On n'abdique pas l'honneur d'être une cible

Volumnie.
J'ai assez vécu – pour voir mettre le comble
à mes plus chers désirs –
et à l'édifice de mes rêves.
– Il n'y manque plus qu'une seule chose
[la toge de consul], et je ne doute pas –
que notre Rome ne te la confère.

Coriolan.
Sachez-le, ma bonne mère, – j'aime mieux
les servir à ma guise [les Romains] –
que les commander à la leur.

William Shakespeare,
Coriolan, scène XI, trad. F.-V. Hugo

L'Occident n'est pas mort. Admettons. Reste qu'on a beau être lucide, accepter les déceptions et reconnaître les progrès, la situation présente ne prête guère à l'optimisme. L'écosystème global s'emballe et les innovations techniques bousculent l'éthique et le politique. Moment choisi par les États autoritaires et les ennemis de l'intérieur pour déstabiliser l'édifice démocratique.

Face aux menaces qui s'annoncent, on cède à l'angoisse. À tort. Car l'avenir réside à l'Ouest. Pour éviter le pire, il lui suffit d'en prendre conscience. Refuser les compromis, ne pas craindre la guerre, être inflexible sur ses valeurs. Bref, assumer son génie au lieu d'en avoir peur.

1

La force des États faibles

Sans remettre en question sa supériorité matérielle et morale, on peut légitimement s'inquiéter de la fragilité occidentale. C'est que pacifier les cœurs et engraisser les corps réduit d'autant la combativité de l'esprit. D'où une crainte : et si les démocraties libérales, bien qu'indépassables, étaient vouées à disparaître ? Erreur d'appréciation qui traduit une ignorance de leur véritable puissance.

La tentation autoritaire

On n'accepte pleinement que ce qu'on comprend. Raison pour laquelle, la démocratie, et plus encore le marché, n'emporteront jamais une entière adhésion. On pourra toujours démontrer leur efficacité et prouver qu'ils représentent l'unique système compatible avec les valeurs de liberté, d'égalité et de fraternité – mieux encore, qu'ils *sont* ces principes *mis en action* –, on ne dissipera pas totalement un certain scepticisme à leur égard. Car aucune description n'en dévoilera entièrement le mystérieux fonctionnement.

L'un comme l'autre expriment une infinité de choix, aussi complexes que changeants ; un chaos d'interactions et de désirs, sans coordination autre que des règles en apparence trop simples pour aboutir à un résultat pertinent. Comment le fait de laisser chacun libre d'acheter et de vendre ce qu'il veut, de travailler et de dépenser comme il l'entend, d'écouter et de voter pour qui il le souhaite pourrait bien créer quoi que ce soit d'ordonné et de bon pour tous ? Cette critique adressée aux défenseurs du marché – la fameuse « main invisible » – s'applique aussi bien au processus démocratique. Dans les deux cas, on peine à croire que de l'agrégation d'intérêts personnels puissent émerger un bienfait collectif. Méfiance qui s'explique par l'opacité de cette transition de l'individuel au général.

La clarté de la verticalité

La décision autoritaire est bien plus claire. Ici, le mystère des relations horizontales et décentralisées est remplacé par la limpidité de la verticalité. L'un décide, les autres exécutent. C'est simple et efficace. Voilà pourquoi, devant les défis de l'époque, un nombre croissant d'Occidentaux finit par admirer les systèmes illibéraux. La question écologique résume à elle seule cette tentation. Parce qu'il y a urgence, et que les gens sont trop égoïstes pour accepter les sacrifices nécessaires, on n'aurait d'autre choix que d'agir par la contrainte. « La liberté s'arrête là où commence la planète[1] », explique l'astrophysicien Aurélien Barrau, devenu égérie d'un totalitarisme vert, qui imposerait « des mesures coercitives impopulaires, s'opposant à nos libertés individuelles[2] ». Évidemment, ni lui ni la plupart des écologistes radicaux ne sauraient être accusés d'être des dictateurs en herbe ; peut-être aiment-ils sincèrement la liberté individuelle et l'état de droit. Mais incapables d'entrevoir une autre solution pour répondre au défi environnemental, ils renient les fondements de la démocratie libérale.

Ainsi pensent-ils pouvoir protéger l'homme de ses pulsions autodestructrices. (Du moins, est-ce ce qu'ils prétendent, car on peut tout de même supposer que derrière le discours de façade se cache une certaine haine de la nature humaine.) Qu'on le laisse voyager et il détruira

1. Propos recueillis par Charlotte Belaïch pour *Libération*, 2 avril 2019.

2. Anna Benjamin, « Climat : Aurélien Barrau, météorite médiatique ? », *L'Express*, 10 octobre 2018.

les écosystèmes ; qu'on lui laisse le choix de son moyen de transport et il ira au plus rapide, quitte à polluer plus que nécessaire ; qu'il puisse acheter ce qu'il désire, et il accumulera les objets inutiles, épuisant d'autant les ressources naturelles. Ne pouvant se contrôler, c'est-à-dire penser à l'ensemble du vivant à chaque instant, il faut bien le soumettre à une autorité éclairée. Pour son bien, et par souci d'efficacité.

Argument que l'on pourrait reprendre *in extenso* à propos de tous les sujets, techniques, économiques ou politiques. Qu'il s'agisse du traitement de l'information, de la sélection des innovations, du vieillissement de la population, de la gestion de la pollution ou des grandes réformes à conduire, on trouvera toujours des avocats de la solution autoritaire. Parce que celle-ci séduit par sa clarté autant que par son apparente scientificité. Pour résoudre tel problème, il suffit qu'untel fasse ceci et interdise cela. N'est-ce pas précisément ce qu'on exprime lorsqu'on se surprend à penser « Et dire qu'ils ont le droit de vote ! » ou « Parfois, il faudrait un bon dictateur » ? Oui, la tentation autoritaire touche tout le monde, surtout les bien-pensants qui, plaçant la morale au-dessus du réel, finissent par élaborer des solutions théoriques pures et parfaites aux conséquences pratiques calamiteuses : « Il suffirait qu'on trouvât un dirigeant altruiste à qui on confierait les pleins pouvoirs, et tout serait réglé. » La société façon horlogerie suisse.

L'opacité des ordres spontanés

Sauf qu'en réalité les solutions spontanées l'emportent toujours sur les systèmes hiérarchisés. Les faits le confirment. Les démocraties libérales se sont révélées plus efficaces que les nations autoritaires pour créer de la richesse et la distribuer, elles sont aussi moins polluantes, plus sûres et plus développées techniquement. Chose évidente, puisque tous ces éléments évoluent conjointement. Ce qui l'est moins, c'est la cause de cette supériorité. Car on pourrait s'attendre à ce que l'existence de multiples organes de décision réduise la cohérence d'ensemble. Or, c'est l'inverse qui se produit.

Dans une société libre, ce qu'on nomme avec une certaine condescendance *l'opinion publique* étant aussi labile qu'audible, toute personne ayant un certain pouvoir de décision se voit contrainte de la ménager. Dirigeants d'entreprises comme représentants politiques marchent sur des œufs pour ne pas contrarier la foule. Défaillance du système, pense-t-on un peu vite, puisqu'elle empêche les actions radicales, les réformes d'ampleur. Au contraire. Pour éviter de s'attirer les foudres du peuple, chacun doit rechercher un consensus impossible entre une myriade d'intérêts contradictoires. Ce qui impose d'agir par petites touches, à la façon d'un pointilliste. Produire un bien de qualité, bon marché, respectueux de l'environnement et du travail humain, pour satisfaire un client qui veut consommer au meilleur rapport qualité-prix, tout en souhaitant l'augmentation des salaires et la protection de la planète, peut sembler impossible ; mais, finalement, seuls ses choix permettront de découvrir comment réconcilier ses attentes inconciliables. De même pour l'élu, qui, de proposition en manifestation, trouvera à tâtons une solution acceptable.

Il s'agit là de l'unique moyen, pour chacun, de révéler l'infinité de ses désirs antagonistes – réduire les prix, éliminer la pollution et augmenter les salaires, étendre les services publics et diminuer les impôts, promouvoir la culture et diversifier les productions, garantir l'égalité et protéger la liberté, imposer l'égalité des chances et reconnaître le mérite, augmenter les retraites sans alourdir la dette, encourager la création d'emploi et moins produire – et de la seule organisation à même d'obliger ceux qui ont du pouvoir à prendre les problèmes au sérieux, à penser sur le long terme, à éviter les solutions faciles, mais désastreuses. Bref, c'est ce système, désorganisé en apparence, qui force chacun à agir de façon rationnelle. Un processus complexe, lent, souvent décevant, mais plus efficace que toute décision unilatérale, car il place chacun devant ses propres contradictions, responsabilise tout le monde, et permet de découvrir, collectivement, des solutions consensuelles auxquelles aucun cerveau, pris individuellement, n'aurait jamais pu penser.

L'éternelle insatisfaction trouve ici sa plus vertueuse expression. Susciter l'adhésion d'une opinion changeante et jamais contente impose d'être créatif, entrepreneurial, d'inventer toujours de nouvelles organisations, des produits différents, des méthodes innovantes. Laissant à chacun la possibilité de se plaindre, mais aussi d'agir pour améliorer son sort et celui des autres, la société promeut un mouvement perpétuel, qui n'est possible qu'à condition qu'aucune autorité ne vienne cantonner chacun à un rôle prédéterminé ou limiter le champ de ses actions. Il n'y a pas de progrès dans la verticalité.

La supériorité d'un réseau de cerveaux

Reste qu'une telle société n'exerce pas le même pouvoir de séduction qu'une organisation bien ordonnée. La figure tutélaire cristallise des valeurs et en impose par sa présence et sa puissance. Dans un État faible, celles-ci sont éparpillées, diluées dans l'ensemble des personnes qui le composent et le font vivre ; ça brille moins. Il faut savoir un peu d'économie et avoir beaucoup lu Hayek, Hume et Smith pour être subjugué par ces gens à demi somnolents devant l'écran de leurs smartphones dans les transports en commun, par ces dilettantes qui discutent de tout et de rien aux terrasses des cafés, par ces flâneurs qui arpentent les trottoirs des villes et des villages, par ces employés fatigués qui exécutent péniblement des tâches dont ils ne comprennent plus la finalité. Des êtres sans relations et dénués d'intérêt pour le sort du collectif, formant des « petites sociétés », comme les nommait Tocqueville ; le règne de la sphère privée et de l'ego exacerbé. Une bien piètre image de la civilisation, n'est-ce pas ? Pour celui qui ne voit pas ce qu'il voit sans doute ; pour les autres, il s'agit d'une apparition presque miraculeuse.

Démocratie, marché et création de connaissances

Car voici ce qu'il y a à voir : des cerveaux qui, à chaque instant, produisent de l'information et la transmettent à d'autres, véhiculant des savoirs qui s'agrègent, se combinent, et accouchent de nouvelles connaissances ; un extraordinaire réseau de traitement des désirs et de découverte des meilleures façons de les combler. Raccordé aux autres par la démocratie et le marché, chaque esprit émet, reçoit, traite et stocke des données relatives à ses congénères et influe sur cet écosystème global, révélant ses besoins, découvrant ceux des autres, détectant de nouvelles failles et ouvrant de nouvelles perspectives. Tout cela grâce à quelques principes élémentaires qu'on nomme « état de droit », « équilibre des pouvoirs », « autonomie » et « liberté ». Comment peut-on s'émerveiller devant des fourmilières ou des ruches et rester de marbre face à un tel prodige ?

C'est que chez les premières, il demeure une hiérarchie, des rôles en partie prédéterminés et une finalité qu'on suppose (à tort peut-être) évidente. Rien de tout cela dans les sociétés libérales. Aucun but ne peut leur être définitivement assigné, pas plus qu'on ne saurait définir la place de chacun. Elles sont moins mécaniques qu'organiques, en constante évolution, et donc imprévisibles. Pire encore, elles se sont formées sans être pensées, et fonctionnent sans qu'on puisse vraiment expliquer pourquoi. Qui décide d'une révolution technique ou de l'enrichissement de tout un peuple ? Qui choisit quels métiers seront valorisés et lesquels disparaîtront ? Qui impose que les mentalités évoluent ? Personne en particulier. C'est l'œuvre inconsciente d'un ensemble d'individus qui ne voient pas plus loin que le bout de leurs intérêts.

De quoi donner le vertige au cartésien épris de sens. Car il faut bien l'avouer, de sens, ces sociétés n'en ont aucun. Ou plutôt, elles n'ont que celui de permettre à chacun d'y trouver le sien. Insaisissables, inexplicables, incontrôlables ; artificielles par nature, puisque réfractaires à toute forme de déterminisme. Voilà ce qui les rend si difficiles à aimer.

Des sociétés libérales, et de l'Occident en général, on ne peut rien affirmer une fois pour toutes. Et pour cause. Étant l'expression d'une quête d'émancipation individuelle, elles sont à l'image de l'homme : irréductibles à quelque valeur ou dimension objective que ce soit. Matrices de la démocratie et du totalitarisme, siège de la bassesse absolue et paroxysme de la grandeur, lieux de progrès et de déclin, leur histoire n'a rien de linéaire ni d'évident. Pas plus que leur trajectoire. Les aimer, c'est avoir le goût du mystère et du paradoxe. De bonnes valeurs nées de mauvaises raisons ; une organisation sociale fondamentalement décevante et pourtant si efficace.

Une question de foi en l'homme

Pour apprécier cette chose protéiforme, il ne suffit pas de la théoriser, de revenir aux concepts – c'est souhaitable évidemment –, encore faut-il accepter d'en faire l'expérience. Les valeurs et les principes, l'ordre institutionnel, les normes sociales et politiques, les conceptions si singulières de l'universalisme, de l'humanisme, de la liberté, sont autant d'éléments qui, pris individuellement, apparaissent inopérants, inefficaces, puisant leur origine dans un abîme insondable. Mais ensemble, par une alchimie mystérieuse, ces éléments produisent le meilleur. Il suffit d'observer le résultat pour s'en convaincre. Oui, l'universalisme a servi d'alibi à la colonisation, et de l'élan démocratique a surgi la Terreur, les guerres civiles et l'impérialisme, avant même l'avènement du totalitarisme. Oui, la liberté est indéfinissable, et s'interroger sur son existence aboutit à une aporie. La raison a démontré sa supériorité à tout autre outil de compréhension du monde, mais en le démystifiant elle déprime autant qu'elle émancipe. La technique est le moteur du progrès autant que des dangers. L'égalité des hommes justifie l'inégalité des conditions, et l'égalité des conditions renie l'égalité des hommes. Pas un principe ne résiste à ses ambivalences ni à ses paradoxes.

« *E pur si muove*[1] *!* » Peut-être est-ce même parce qu'elle est incompréhensible qu'elle tourne si bien, cette démocratie libérale. Sans le savoir, les générations successives ont bâti une organisation qui les dépasse. Ils ont façonné

1. « Et pourtant, elle tourne ! » Expression attribuée à Galilée.

un système, un ordre, incompréhensible et inadapté à leurs capacités cognitives, qui surpasse de loin tout ce que le plus brillant des cerveaux aurait pu imaginer. D'où une forme de réticence à l'accepter pleinement. Car si l'on peut aisément réduire les sociétés autoritaires aux vices et aux vertus de leur dictateur, il en va autrement de ces lieux de liberté que sont les démocraties libérales. Dans les premières, au moins, on sait à quoi s'attendre ; on peut distinguer clairement le bon du mauvais, tout classer et hiérarchiser pour rationaliser le sentiment qu'on nourrit à l'égard du dictateur et du régime. Rien de tout ça pour les secondes, puisqu'elles ne sont réductibles à aucun dirigeant, aucun dogme, aucun absolu. Ainsi, elles n'offrent rien de précis. Au contraire, elles se vident de sens à mesure qu'elles émancipent les hommes qui les composent.

On ne peut donc aimer les démocraties libérales que d'un amour fou – c'est-à-dire littéralement inexplicable. Tout comme on ne peut croire en elles que par un acte de foi. *Credo quia absurdum*, pourrait-on dire à leur propos. Car absurdes, elles le sont si l'on prend la peine de les étudier comme il se doit. Que le système démocratique tienne bon, alors que les électeurs réclament toujours davantage d'un État qui ne saurait les satisfaire et les persuade que chaque déception est l'occasion de repartir en quête d'un homme providentiel qu'ils ne trouveront jamais, voilà qui défie l'entendement. Évidemment, cela provoque des crises politiques, dont la poussée populiste constitue la dernière expression en date, et bien sûr qu'il en résulte des révoltes révolutionnaires qui menacent sans cesse de renverser le système. Car celui-ci, pour être si attentif aux hommes, repose toujours sur un équilibre précaire, se maintient sur le fil. Mais pour l'instant, et tant qu'il existera des contre-pouvoirs forts et quelques passionnés de la démocratie libérale, elle tient et tiendra.

De même, il peut paraître extraordinaire que la plupart des gens se plient aux règles du jeu social lorsque plus rien ne les y oblige – les peines de prison sont souvent ridiculement courtes, lorsqu'elles sont imposées, et le stigmate social n'a que peu de force dans une société fragmentée. Sans y penser, on paye pour ce qu'on pourrait obtenir gratuitement – par le vol en *live* ou le piratage *online* –, on râle contre les contraintes – fiscales et légales –, mais on obéit ; surtout, on est choqué par ceux qui agissent différemment. Autrement dit, la majorité de la population adopte une attitude coopérative alors même qu'elle gagnerait à opter pour une stratégie plus individualiste. Et ce faisant, presque tout le monde contribue à la survie d'une société qui défie toute logique tant s'y exerce un si haut degré de civilité et de libéralité en dépit d'une faible coercition et d'absence de tout ciment idéologique. Une chose incroyable, à laquelle il faut bien croire puisque ces sociétés existent et surpassent, en tout, toutes les autres.

Un acte de foi laïque en somme, qui en dit long sur ceux qui, de l'intérieur, l'attaquent et rêvent d'en finir. Ces derniers, qu'ils appartiennent à l'ultradroite conservatrice ou aux révolutionnaires d'extrême gauche, n'expriment rien d'autre que leur incapacité à croire dans une société qui se déploie sous leurs yeux, mais qu'ils ne sauraient théoriser. Qu'ils désirent le retour d'une société bien ordonnée – qui n'a jamais existé ailleurs que dans leurs fantasmes –, ou l'avènement d'une organisation idéale construite sur la rationalité d'une supposée justice sociale, dans les deux cas, c'est l'inaptitude à apprécier ce qu'ils voient qui motive leur haine déguisée en morale.

Ceux qui déboulonnent les statues qui leur rappellent un passé colonial révolu, oubliant l'esclavage qui persiste partout ailleurs, ceux qui agressent les migrants, venus d'ailleurs par désir d'appartenir à une société dont ils chérissent les valeurs, et à laquelle, pour cette raison, ils appartiennent déjà, ceux qui saccagent les universités pour faire valoir des droits et des idées dont elles sont la matrice, ceux qui refusent tous les changements comme ceux qui veulent les imposer de force, ceux qui ânonnent des slogans révolutionnaires ou factieux, qui nient les faits et refusent de voir ce qu'ils voient – c'est-à-dire que ces sociétés sont les meilleures possibles –, ceux qui clivent partout et tentent de recréer des communautés là où existent des individus libres, qui renvoient les hommes à des essences – ethniques, religieuses, biologiques – desquelles les démocraties libérales ont mis tant de temps à les extraire, ceux-là ne sont pas seulement incultes, ce serait trop facile, car accepter l'évidence n'est pas affaire de connaissance. Non, c'est plus grave : ils ont perdu toute sensibilité.

L'asymétrie des conflits idéologiques

Mais que faire lorsque ces ennemis de l'intérieur sont encouragés, voire fabriqués, par des puissances étrangères prêtes à tout pour déstabiliser ces fragiles organisations ? L'inquiétude est légitime tant le conflit semble déséquilibré. Une société libérale est par définition perméable aux manœuvres visant à manipuler la population. La liberté d'expression, pour être pleine et entière, doit autoriser les critiques et permettre à chacun de pointer ce qui lui déplaît. Une faille idéale pour propager de fausses informations et anesthésier des individus déjà insatisfaits et soucieux du moindre détail.

La stratégie n'est pas neuve, mais avec la démocratisation des réseaux sociaux, elle a changé d'envergure. À présent, quelques faux comptes et un peu d'intelligence artificielle suffisent à semer la panique. Ainsi, en mai 2016, en pleine course pour la Maison-Blanche, les services russes ont presque réussi à créer une émeute à Houston grâce à une campagne de communication sur Facebook. Comment ? En organisant deux manifestations, l'une ciblant des sécessionnistes antimusulmans, Heart of Texas, l'autre des activistes pro-islam, United Muslims of America, sur un même lieu, à la même heure. Le tout pour un investissement de deux cents dollars[1]. Depuis, les fermes à *trolls* russes tournent à plein régime et attaquent tous azimuts : crise migratoire au sud des États-Unis, imminence de la victoire en Ukraine, dénigrement du président Biden[2] ; on exploite la moindre tension pour en décupler l'effet politique.

La guerre froide version 2.0 est une campagne d'intoxication à flux continu qui s'affranchit des distances pour frapper simultanément tous les cœurs de l'Occident. La France, cible

1. Claire Allbright, « A Russian Facebook Page Organized a Protest in Texas », *The Texas Tribune*, 1er novembre 2017.

2. David Gilbert, « Russia Is Boosting Calls for 'Civil War' over Texas Border Crisis », *Wired*, 7 février 2024.

prioritaire en raison de son soutien aux forces ukrainiennes, en a fait les frais récemment : invasion de puces de lits, capture de militaires français, étoiles de David taguées sur les murs de la capitale, ventes des territoires ukrainiens à la famille de George Soros, rapports des services secrets sur des attaques terroristes imminentes, faux articles de grands quotidiens véhiculant des *fake news* hostiles à l'Ukraine, inefficacité des politiques sanitaires post-Covid et effets secondaires des vaccins. Près de deux cents sites regroupés au sein d'un réseau surnommé « Portal Kombat » et une armée de faux comptes sur les réseaux sociaux ont dépensé des centaines de milliers d'euros en campagnes de désinformation et de propagande, visant à légitimer l'invasion russe, à dénigrer les actions du gouvernement français et à instiller la peur dans le cœur des citoyens.

Aucune démocratie n'est épargnée, et les dictatures font feu de tout bois ; chacune a ses réseaux favoris – TikTok pour la Chine[1], Twitter pour la Russie[2] –, ses influenceurs et ses sujets

1. Cole Henry Highhouse, « China Content on TikTok : the Influence of Social Media Videos on National Image », *Online Media and Global Communication*, 1 (5), p. 697-722, 2022.

2. Darren L. Linvill, « Troll Factories : Manufacturing Specialized Disinformation on Twitter », *Political Communication*, 37 (4), p. 447-467, 2020 ; Josephine Lukito *et al.*, « The Wolves in Sheep's Clothing : How Russia's Internet

de prédilection – la Chine tente de convaincre de la supériorité de son modèle[1], la Russie de la faiblesse de l'Occident[2]. Mais l'objectif est commun : vaincre sur le plan idéologique un Occident qui les surpasse matériellement. Démoraliser les citoyens, fracturer les peuples, et se présenter comme une alternative. Bref, exaspérer un sentiment de décadence.

Un avantage en trompe-l'œil

Stratégie efficace, puisque l'Occidental croit que tout va mal. Plus grave sans doute, elle installe une étrange atmosphère de défaite dans des sociétés qui constatent que la guerre hybride ne se joue pas à armes égales. Face à un ennemi qui désinforme et ne reconnaît aucune légitimité à ses adversaires, difficile de lutter sans se renier. Et même si on le voulait, l'effet ne serait pas celui escompté, car on déstabilise difficilement un peuple déjà privé de ses libertés. Ainsi

---

Research Agency Tweets Appeared in the U.S. News as Vox Populi », *The International Journal of Press/Politics*, 25 (2), p. 196-216, 2020.

1. Daniel Mattingly *et al.*, « Chinese State Media Persuades a Global Audience That the 'China Model' Is Superior : Evidence From a 19-Country Experiment », *American Journal of Political Science*, 1-18, 2024.

2. Cameron Lai *et al.*, « A Multilingual Analysis of Pro Russian Misinformation on Twitter during the Russian Invasion of Ukraine », *Scientific Reports*, 14, n° 10155, 2024.

découvre-t-on avec stupeur que *vérité*, *souveraineté*, *liberté*, ces principes qui émancipent, sont autant de handicaps dans la guerre aux États autoritaires. D'où une forme de léthargie face aux assauts répétés des totalitaires de tous bords. Pris dans un piège idéologique, l'Occidental hésite : faut-il se battre avec les armes de l'ennemi et devenir comme lui ? ou s'accrocher à ses principes et subir la défaite ?

Ni l'un ni l'autre. L'avantage supposé du dictateur relève d'une triple erreur. Distordre les faits pour faire douter, inventer *un narratif*, comme on dit aujourd'hui, est plus risqué qu'on ne pense. Certes, la *fake news* est virale et le contrefeu jamais total ; il suffit d'une image, d'un mot et, comme le dit Basile dans *Le Barbier de Séville*, « [la calomnie] s'élance, étend son vol, tourbillonne, enveloppe, arrache, entraîne, éclate et tonne, et devient, grâce au Ciel, un cri général, un crescendo public, un chorus universel de haine et de proscription. Qui diable y résisterait[1] ? » Combien d'Occidentaux ont fini par croire qu'il était nécessaire d'envoyer une milice, dénommée Wagner, pour déloger des nazis cachés dans un pays dirigé par un président juif ? Francis Bacon avait raison : *Calomniez, calomniez, il en restera toujours quelque chose.*

1. Pierre-Augustin CARON de BEAUMARCHAIS, *Le Barbier de Séville* (1775), acte II, scène 8.

Reste que le mensonge a ses limites. Tôt ou tard, il nuit à l'émetteur plus qu'il ne trompe le récepteur. Rien de moral ici, juste un retour du réel. Les efforts chinois pour cacher l'origine de la pandémie de Covid-19 n'ont fait que révéler l'incurie d'un système hypercentralisé qui se présentait comme une alternative aux sociétés libérales. Avoir caché la vérité pour gagner du temps, avant d'accuser maladroitement des laboratoires américains, s'est avéré catastrophique pour l'image du pays. Car, une fois le calme retrouvé, chacun comprit que le véritable déclencheur de la pandémie fut le mensonge initial et non le virus : si ce dernier était parti d'un pays libre, l'alerte aurait été donnée immédiatement et il aurait été contenu. Il fallait un État autoritaire et menteur, plus soucieux de sa réputation que de la contagion, pour conduire au pire. La Chine pourra bien multiplier les campagnes de propagande, son modèle s'est disqualifié tout seul. On est puni par où on a péché.

Les Russes aussi devraient le savoir, eux dont la crédibilité n'a cessé de s'éroder au fil de leurs histoires. Le lyssenkisme devait démontrer la supériorité de la biologie communiste, elle a affamé des millions d'hommes. L'URSS se présentait comme le paradis sur terre, il fut l'enfer totalitaire. Et récemment, le prétendu leader du « monde majoritaire », évincé de tous les sommets internationaux, se résignait à faire des coucous à Kim Jong Un à travers le hublot de son avion présidentiel. Aucune campagne de désinformation ne pourra faire oublier l'humiliation.

Parce que la vérité retrouve toujours son chemin, mieux vaut l'aveu d'une faiblesse que l'illusion de la force. À terme, la stratégie sera payante. Comme l'est celle de respecter la souveraineté des peuples. Ici encore, on pourrait être sceptique de prime abord. Les velléités impérialistes des États autoritaires semblent en effet contredire la pertinence de cette position de principe. L'invasion de l'Ukraine a sonné le retour de l'état de nature ; *tout ce que je conquiers m'appartient.* Cette politique du fait accompli met en défaut l'épris de diplomatie. On a beau ne pas reconnaître une annexion, lorsqu'elle est là, le mal est fait. Et intervenir en amont, cela s'appelle une ingérence ; surtout lorsqu'elle résulte d'élections jouées d'avance. Complexe. Arc-bouté sur ses valeurs, l'Occidental tergiverse. En attendant, prime à l'occupant. Faut-il alors s'attendre à une vague de conquêtes ? La planète bientôt ingurgitée par de grands blocs militaires sous les yeux impuissants de l'Occident ?

Rien n'est moins sûr. Car le respect de l'intégrité des nations favorise les coalitions. Jamais de plein gré ni en temps de paix. Tant que tout va bien, la souveraineté exige un chacun chez soi de bon aloi. Mais la menace efface les différences et pousse aux alliances. Il faut un troisième pour se sentir deux. Sitôt qu'une de leurs frontières s'effrite, les démocraties s'agglutinent et s'accolent, dessinant une membrane protectrice à leur bordure extérieure. Réaction épidermique qui isole le corps étranger à mesure qu'elle l'enferme. Le *Lebensraum* autoritaire appelle le *containment* démocratique. Ignorant cette qualité des sociétés libérales, la Russie a ressuscité un Otan « en état de mort cérébrale » ; et depuis, il s'étend, plus loin et rapidement que jamais auparavant (sa frontière à l'est a gagné plus de mille cinq cents kilomètres depuis l'invasion de l'Ukraine). Raison pour laquelle la Chine, qui lorgne sur Taïwan, hésite encore à sauter le pas. Le Quad (le Dialogue quadrilatéral pour la sécurité réunissant États-Unis, Japon, Inde et Australie) pourrait bien la confiner dans ses frontières, signant l'arrêt de mort d'une économie qui ne survit que par l'export.

Le dilemme du dictateur

L'asymétrie du conflit idéologique penche en réalité en faveur de l'idéal démocratique. Sans quoi les dictatures ne s'évertueraient pas à en imiter la mécanique. S'il existait une véritable alternative au système occidental, on trouverait des nations sans régime électoral. Après tout, le dictateur sûr de sa force n'aurait pas besoin de s'encombrer de ces futilités. Et le leader plébiscité par tous ou choisi par Dieu s'imposerait de lui-même ; par acclamation. Le vrai *cratos*, qu'il vienne des armes, de la sagesse ou des cieux, emporte adhésion et soumission de la plèbe. D'où une certaine surprise de voir tous ces tyrans organiser des élections, comme s'il leur fallait tout de même obtenir un blanc-seing du peuple qu'ils tiennent déjà sous leur joug.

Ils ne le font pas de gaieté de cœur ni pour plaire. Simplement, ils seraient bien en peine de concevoir un autre moyen de légitimer leur pouvoir. Preuve qu'ils ne croient pas beaucoup à leur autorité et concèdent malgré eux une certaine admiration pour une démocratie qu'ils abhorrent. Au fond, ce qu'ils détestent n'est pas l'élection, mais la certitude qu'en s'y soumettant réellement ils ne seraient pas élus. Ainsi, les voilà contraints de parodier ce dont ils ne sauraient jouir. Se faire élire en trichant. Sauf que personne n'est dupe. Et c'est là toute la faiblesse des systèmes illibéraux.

En sollicitant l'onction qu'il s'octroie par avance, le despote se confronte à ce que le politologue Masaaki Higashijima nomme « le dilemme du dictateur[1] » : identifier ses soutiens

1. *The Dictator's Dilemma at the Ballot Box*, University of Michigan Press, 2022.

parmi les citoyens ou empêcher ces derniers de se révolter. Impossible de faire les deux. Il ne peut s'autoriser à évaluer l'ampleur de la grogne sans permettre simultanément aux mécontents de se reconnaître et de s'unir. L'information révélée par le scrutin bénéficie à tous. Situation risquée pour celui qui se sait détesté. Mais trop de manipulations des bulletins le prive de toute information. S'ils expriment la même chose, ils ne disent plus rien. Le dictateur est esseulé, dans le brouillard. D'autant plus que, voyant l'ampleur de la victoire, aucun citoyen n'osera émettre la moindre opinion négative. Plus il emporte de suffrages, moins il comprend le peuple.

Raison pour laquelle, après sa victoire écrasante au premier tour des élections présidentielles, Vladimir Poutine s'est enfermé au Kremlin et a attendu tant de temps avant d'autoriser une manifestation dans Moscou. Cette prétendue adhésion sans faille de toute la Russie trahissait une fin de règne, non une consécration. Là où une victoire étriquée dans une société libre révèle une bien plus grande confiance, dans les institutions autant que dans le dirigeant. Car en démocratie, l'élu de peu sait qu'il est sur une corde raide, qu'il lui faut considérer ceux qui ne l'ont pas choisi, qu'il devra négocier et rechercher le consensus, et qu'il finira inévitablement par décevoir. L'usure du pouvoir. Sauf qu'il sait aussi précisément qui sont ses alliés, ce qu'ils attendent et ce qu'il doit faire pour conserver leur soutien. Autant de connaissances inaccessibles au dictateur. Voilà pourquoi un démocrate élu avec 50 % des voix plus une peut prendre un bain de foule quand le dictateur aux 87 % vit dans la peur.

Les prochaines grandes puissances ?

L'adéquation des principes et des pratiques confère un avantage idéologique. La démocratie libérale ne promet rien qu'elle ne saurait offrir, et reste fidèle à ses valeurs. En conséquence de quoi, elle déçoit ; et s'avère lente à la détente. Mais elle ne ment jamais sur ce qu'elle fait. Là où, mentant aux autres ou à eux-mêmes, les régimes autoritaires sont toujours en retard d'un retour du refoulé.

Décadence russe

Ainsi, le conservatisme antimoderne de Poutine oppose l'Occident « dégénéré » à la pureté russe. Protégé des méfaits du libéralisme, le Slave resterait un esprit pur dans un corps dur. Sans vices ni faiblesses. Image qu'il défend dans ses discours, destinés à convaincre les indécis du Vieux Continent de leur inévitable déclin[1]. La Russie, dernière grande puissance morale. Incarnation de la devise « Dieu, famille, patrie » chère aux conservateurs tendance autoritaire. Au point de l'avoir distillée dans les récentes réformes constitutionnelles de 2020 par lesquelles Poutine entendait consacrer des valeurs supposément reconnues par tout un peuple.

Reste que la propagande russe ne convainc guère l'*Homo sovieticus*. À en juger par sa fréquentation des lieux de culte, le divin l'intéresse moins que son homologue européen ou américain[2]. Il trouve le spirituel dans les spiritueux – deux fois plus d'alcooliques –, et le salut dans l'agression – sept fois plus d'homicides[3]. Ce qui fait de lui un religieux peu orthodoxe. Et le garant d'une stabilité familiale pour le moins originale. Le Russe divorce plus que les autres, et aide moins ses parents dans le besoin[4].

---

1. Pour une analyse détaillée des discours et de l'idéologie de Vladimir Poutine, voir notamment Michel Eltchaninoff, *Dans la tête de Vladimir Poutine*, Actes Sud, 2015.

2. Pew Research Center, *The Age Gap in Religion Around the World*, 2018.

3. World Bank Group, *Intentional homicides* ; OMS, *Alcohol dependence (15+), 12 month prevalence (%)* ; Jürgen Rehm, Kevin D. Shield, Anna Bunova *et al.*, « Prevalence of Alcohol Use Disorders in Primary Health-Care Facilities in Russia in 2019 », *Addiction*, 117 (6), p. 1640-1646, 2022.

4. Margot Maes, Gert Thielemans & Ekaterina Tretyakova, « Does Divorce Penalize Elderly Fathers in Receiving Help from Their Children ? Evidence from Russia », dans

Difficile de faire nation plus nihiliste que cette société qui ne se consacre ni aux cieux ni aux siens. Il ne s'agit pas d'accabler les Russes, mais de rappeler les faits aux crédules vivant à l'Ouest. La Russie antimoderne et fière de l'être n'est qu'un miroir aux alouettes. Ce territoire d'irréductibles conservateurs des valeurs locales qui résistent aux mauvaises mœurs du village global n'existe nulle part ailleurs que dans les déclarations d'un Poutine qui dirige un peuple Potemkine.

Comment pourrait-il en être autrement lorsqu'un pays sacrifie ses citoyens sur l'autel d'un rêve qui ne les concerne en rien ? Quand l'État se sert de ceux qu'il est censé servir ? L'invasion de l'Ukraine a replacé le Kremlin au cœur du jeu diplomatique, mais relégué les Russes à la périphérie du monde économique. Les trains de sanctions ont réduit la croissance, les dépenses militaires ont remplacé le financement des retraites. L'idéal d'une puissance retrouvée s'est payé d'un déclin matériel et moral.

Les Russes quant à eux, les vrais, ceux de chair et de sang, préfèreraient largement troquer la nostalgie d'une grandeur révolue et l'avènement d'un futur qui tarde à venir contre

---

Dimitri MORTELMANS (dir.), *Divorce in Europe : New Insights in Trends, Causes and Consequences of Relation Break-ups*, European Studies of Population 21, Springer Open, 2020, p. 167-182.

un peu de confort matériel et de liberté individuelle. Car la méthode Coué a ses limites et ne saurait rendre prospère un pays qui s'effrite. En vérité, le Russe n'aspire qu'à devenir un « dégénéré » occidental comme les autres. Parce que, de l'intérieur, les choses sont plus claires, et la propagande a moins de prise. Lui sait pertinemment que la glorification du passé est le dernier recours idéologique d'un pays sans avenir. Autant pour la puissance russe.

La Chine : éternelle prochaine grande puissance

Devenir un leader impose une adhésion de tous, au-dedans comme au-dehors. Il ne suffit pas de vendre de belles histoires ou des marchandises. On ne séduit pas par l'étalage de ses vertus prétendues ni par celui de ses produits. Dans le premier cas, on ment aux autres, dans le second, on ment aux siens. Ce n'est qu'à condition de représenter une promesse autant qu'une richesse qu'une culture locale devient une civilisation globale. Raison pour laquelle la Chine n'a pas plus de chance que la Russie de devenir une véritable alternative à l'Occident. Elle est et restera la « prochaine grande puissance ». Celle de demain, mais jamais d'aujourd'hui.

Comment en être si sûr ? En raison de son modèle de développement tout d'abord, qui tient à l'imitation bon marché de produits à forte valeur ajoutée, à l'octroi de prêts aux pays riches pour qu'ils acceptent de les acheter, et à la dévaluation de sa monnaie. Autant d'atouts artificiels dont l'efficacité se réduit à mesure qu'elle se prolonge. L'enrichissement des Chinois se traduit par une augmentation de leur pouvoir d'achat, qui s'accompagne d'une augmentation des coûts de la main-d'œuvre, et donc des prix, réduisant l'avantage à exporter. Situation d'autant plus délicate que la mise sous tutelle de l'économie par l'État, propre aux régimes autoritaires, interdit le développement d'innovations majeures et contraint à sans cesse trafiquer la valeur de la monnaie, plaçant le pays dans une situation de tension permanente.

Pour réellement progresser et concurrencer les économies occidentales, il lui faudrait relâcher son contrôle, laisser la population s'enrichir, et accepter les règles de l'économie de marché. S'y refusant, elle se trouve dans la situation du pauvre Achille lancé à la poursuite de la tortue, décrite par Zénon d'Élée : son taux de croissance a beau être largement plus élevé que celui des tortues occidentales, chaque fois qu'elle s'en rapproche, elle constate avec effroi qu'un écart de richesse, certes de plus en plus faible, mais toujours bien réel, subsiste. Elle aura beau s'épuiser et courir aussi vite qu'elle le voudra, sans changer de modèle, jamais elle ne les rattrapera. Et pour cause, la pérennité de son économie dépend exclusivement de sa situation de dépendance à l'égard de l'Occident. Celui qui préfère vendre moins cher ce que les autres produisent déjà au lieu d'innover, et cherche des débouchés extérieurs au lieu d'enrichir son propre peuple, finit par être l'esclave des progrès techniques et des consommateurs qui viennent d'ailleurs.

L'économie plonge l'idéologie chinoise dans l'impasse. Pour véritablement devenir la première puissance mondiale, il lui faudrait adopter totalement les principes du marché, mais ce faisant, elle renierait son propre modèle de développement. C'est que l'économique n'est qu'un prolongement de l'éthique. Pas de prospérité sans liberté. Certes, la taille de la population fait illusion : le produit intérieur brut donne au pays la dimension d'un géant. Mais rapporté à l'individu, il ne dépasse guère le tiers de celui des pays européens[1]. Rien d'étonnant puisque la véritable richesse tient à la capacité à satisfaire les besoins des siens, qu'importe l'origine du moyen. Or, pour y parvenir, il faut que les hommes soient libres. Libres d'entreprendre, libres de créer, libres d'acheter et de choisir. Ce n'est qu'à cette condition que l'inventivité

1. World Bank Group, *GDP per capita, purchasing power parity, 2023.*

se traduit en invention. Sans la liberté, la Chine est condamnée à toujours être en retard d'une idée. Imiter et copier.

On trouvera donc aisément un équivalent chinois pour tout ce que fait l'Occident : ses BATX – Baidu, Alibaba, Tencent et Xiaomi – pour les MAMAA américaines – Microsoft, Apple, Meta, Alphabet et Amazon –, son WeChat pour WhatsApp et X, des publications scientifiques et des dépôts de brevets en abondance, des banques et un marché financier, des entrepreneurs et des vaccins. L'illusion d'une concurrence. Mais l'illusion seulement, car l'équivalent arrive toujours après coup.

Le cas de « l'intelligence artificielle » illustre parfaitement cette situation. Dès la sortie de ChatGPT, le gouvernement, par l'intermédiaire de l'Administration du cyberespace de Chine (CAC), a multiplié les actions visant à développer et réguler les systèmes de génération de contenus sur son territoire. Comme toujours, la stratégie était simple : reprendre la technique développée en Occident et l'adapter aux spécificités locales. Sauf que, dans ce cas précis, cela s'avère particulièrement problématique. Car le fonctionnement même de ces systèmes s'oppose à l'idéologie imposée par le pouvoir chinois. Pour qu'ils produisent des contenus pertinents, il faut nourrir ces systèmes avec des données aussi diversifiées que possible, accumulant les points de vue, les réactions, les commentaires glanés partout sur Internet ; sans quoi ils ne parviennent pas à identifier les tournures de phrases, le style et la syntaxe des requêtes, ni les attentes réelles de celui qui les formule. Au-delà de la forme, il faut encore qu'ils aient été entraînés à fournir une réponse adéquate à toute sorte de requêtes, qu'elle soit technique, scientifique ou politique. Autrement dit, un système de langage, ou de création d'images, n'est efficace qu'à condition que sa matière première – sa base de données – soit vraie et non censurée. La machine algorithmique carbure aux pensées authentiques.

D'où un dilemme pour l'État autoritaire : pour produire une IA digne de ce nom, il faudrait l'alimenter en données produites librement, et donc prendre le risque qu'elle fournisse une vision occidentale du monde aux utilisateurs chinois. Ce qui reviendrait à ouvrir la voie aux contenus subversifs. Mais s'en priver signifierait refuser d'embrasser la prochaine révolution technique majeure. Demeurer une alternative idéologique ou devenir un leader technologique, la Chine doit choisir. En refusant l'obstacle logique, Xi Jinping se ment à lui-même autant qu'il ment à ses concitoyens. La puissance économique chinoise sera occidentale ou ne sera pas.

Le véritable pouvoir

Et quand bien même ingénieurs et planificateurs trouveraient la parade, l'hégémonie chinoise ne serait pas pour demain. Car, jusqu'à présent, son extraordinaire croissance matérielle ne s'est jamais accompagnée d'un rayonnement culturel ou intellectuel au-delà de sa périphérie. Aux yeux du monde, la Chine aura été tantôt un partenaire économique, tantôt l'usine globale ; une menace militaire parfois, mais jamais un horizon. Or, une grande puissance est idéologique, avant d'être économique ou militaire. C'est justement parce qu'ils ont conquis les esprits, à grand renfort de films et de séries, que les Américains n'ont pas besoin de s'imposer par la force – et échouent lorsqu'ils le font. La victoire occidentale, c'est que n'importe où sur la planète, le quidam reconnaisse Central Park et les façades de Times Square. La tour Eiffel et le carnaval de Venise sont de meilleurs ambassadeurs de la liberté qu'une armée, et Netflix et McDo diffusent mieux l'*American way of life* que la Navy et Guantanamo. Le *soft power* est le plus fort, car il séduit sans s'imposer.

À l'inverse, qui rêve de société chinoise ? Qui connaît seulement ses institutions ou ses lois ? Quand tous les jeunes étudiants des facultés de droit pensent qu'on dit « Votre Honneur » au juge et qu'on plaide devant un jury populaire – effet *Ally McBeal* ou *La Défense Lincoln* –, qui sait seulement comment se déroule un procès en Chine ? Qui connaît les intellectuels chinois ? (Y en a-t-il ?) Qui sont ses Jerry Seinfeld, George Carlin, Chris Rock ? Qu'est-ce que l'humour chinois ? Qui s'en soucie seulement ou voudrait vivre de l'autre côté de la Grande Muraille ? S'il est vrai, comme l'écrit Régis Debray (*Civilisation*), qu'une civilisation s'étend et une culture se défend, la Chine millénaire n'a jamais été en passe de concurrencer l'hégémonie américaine, et au-delà occidentale. Au contraire, son décollage économique n'a pu se faire qu'au détriment de sa culture. Telles étaient les conditions originelles de l'échange : manufacture contre culture. Pour exporter du *made in China*, il fallait importer du *dream USA*.

Inutile donc de se prétendre futurologue pour anticiper l'avenir proche. À la seule condition qu'elles le veuillent encore, les grandes puissances de demain seront celles d'aujourd'hui. États-Unis en tête. Qu'importe que Donald Trump en soit redevenu le président. Car c'est la force des démocraties libérales et ce qui les distingue en dernière analyse des autres formes d'organisation de la vie humaine : elles survivent à leurs dirigeants autant qu'aux lubies des lobbies. Non que les premiers soient plus vertueux que les dictateurs ou que les seconds agissent dans le sens d'un introuvable *intérêt général*, mais parce qu'elles assument la nature contradictoire de tout pouvoir et, en cela, forment les seuls systèmes véritablement résilients. Elles ne sont pas moins réactives que les régimes autoritaires, elles sont plus soucieuses de la liberté. Elles ne sont pas moins agiles, elles sont plus stables. Les dirigeants n'y ont pas moins de poigne, ils sont mieux tenus. La justice n'y est pas plus laxiste, mais plus respectueuse du droit. Les médias n'y sont pas moins libres, ils ont juste moins à dire sur le pouvoir. Les gens n'y sont pas plus craintifs, leur vie a simplement plus de valeur. Pas de puissance sans cohérence.

2

Assumer le génie

Si l'Ouest n'a pas de rival crédible, il reste sous la menace d'un ennemi tenace : lui-même. Comme le sportif tétanisé au moment de l'emporter, dans le match des civilisations, l'Occidental n'a pas tant peur de perdre que de gagner. C'est que le moteur de sa supériorité – *la reconnaissance de l'égale dignité de tous les hommes* – lui interdit d'accepter cet état de fait. D'où un double piège qu'il se tend à lui-même, relativisme et irénisme, et qui fait le lit de ses ennemis. Pour l'éviter et assurer la pérennité de sa société, il lui faut donc s'assumer pour ce qu'il est : l'héritier d'une civilisation géniale et sans égale. Ce n'est qu'à ce prix – coûteux pour qui souffre du syndrome de l'imposteur – qu'il apaisera les tensions locales et pacifiera les relations globales.

Le piège de la tolérance

On croit à tort que la crise identitaire tient à la porosité des frontières. L'étranger même le plus démuni ne voyageant jamais sans bagage idéologique – le poids de ses origines –, une terre qui attire autant qu'elle accueille ne peut que changer de culture. Ce qui pose un défi aux universalistes : comment rester fidèle à ses principes sans risquer que le nouveau venu les dénature ? La question n'est pas théorique. Elle trouve ses manifestations les plus évidentes aujourd'hui avec les prières de rue, le voile à l'école, l'enseignement de la Shoah ou les caricatures. En recherchant la protection des valeurs qu'il renie par ailleurs, l'islam politique cristallise cette difficulté qui se vit comme une impasse.

Mais il n'est pas le seul à poser un problème culturel – sans quoi la solution serait évidente. Derrière lui, et sous une forme moins visible, le mouvement de la synthèse identitaire à gauche et les mouvements conservateurs à droite jouent une partition identique. Comme le note Fukuyama, les premiers, visant à « parachever le projet libéral pour enfin aboutir à cette société “aveugle aux couleurs” tant espérée[1] »,

1. Francis Fukuyama, *Libéralisme. Vents contraires*, Éditions Saint-Simon, 2023, p. 79.

finissent par oblitérer les principes qu'ils croient défendre. La lutte des races devenant la nouvelle lutte des classes, ils appellent de leurs vœux des discriminations fondées sur l'ethnie, puis le genre et les croyances, incompatibles avec toute forme d'universalisme. En réaction, les seconds se replient sur un passé fantasmé et s'imaginent être les seuls dépositaires de valeurs qui ne sont légitimes qu'à la condition d'être ouvertes à tous.

Cette nouvelle opposition entre deux camps, d'autant plus irréconciliables qu'ils se fondent sur une logique commune, marque le nouveau clivage politique qui menace la plupart des sociétés occidentales. Les populismes de gauche et de droite s'en nourrissent et se renforcent mutuellement, faisant de l'identité, de l'immigration et de la culture les enjeux sociétaux du seul espace qui croyait les avoir dépassés. « Créolisation » et « grand remplacement » ne se distinguent que par leur appréciation d'un bouleversement culturel considéré comme inévitable. Les politiques migratoires entérinent toutes l'idée selon laquelle seule une barrière géographique protège d'un changement idéologique. Et les positions relatives à la natalité supposent que c'est par l'écart démographique entre les populations « de souche » et les arrivés tardifs que se transforment ou se protègent les principes organisateurs du corps collectif.

Ainsi, à la question culturelle répondent deux propositions identitaires – en passe de devenir majoritaires[1] – qui constituent un même reniement des valeurs de l'Occident. Et installent un climat de quasi-insurrection. L'assaut du Capitole en fut l'un des moments saillants, mais la récupération du mouvement des « gilets jaunes » par La France insoumise et les « black blocs », tout comme le Vaffanculo Day instauré par Beppe Grillo, étaient déjà les signes annonciateurs d'une situation de tension qui n'a cessé de s'aggraver depuis. Et qui menace d'exploser en affrontement de milices dans les grandes capitales européennes et nord-américaines, à l'image des émeutes du nord du Royaume-Uni en août 2024.

À la source de la crise identitaire

Pourtant, la crise identitaire que traverse l'Occident n'avait rien d'inévitable et elle n'est pas irréversible. À condition d'en comprendre la source, qui n'est pas démographique, mais métaphysique. Le véritable problème tient au caractère erroné du postulat identitaire : l'Occidental confond son universalisme avec un relativisme, et se vit par conséquent comme un être

1. Laura Silver, « Populists in Europe – Especially Those on the Right – Have Increased Their Vote Shares in Recent Elections », Pew Research Center, 6 octobre 2022.

vide. Comme si adhérer au principe d'ouverture sonnait le glas de sa culture. Et comment l'en blâmer alors que les institutions européennes le confortent dans sa croyance ? Les coupures de l'euro ont pris pour symbole des ponts imaginaires, au lieu d'édifices existants et des héros nationaux. Preuve que, dans l'esprit de ses organisateurs, l'Europe est davantage un espace qui se traverse qu'une culture qui se clôture. Un lieu de passerelles entre des rives qui ne comptent pour presque rien.

Constat partagé par Jean-Marc Ferry, qui voit dans cette volonté d'effacer toute référence culturelle l'expression d'une « identité dont le principe consiste dans la disposition à s'ouvrir sur d'autres identités[1]. » Et par Ulrich Beck, qui expliquait que « la conception européenne de l'humanité ne recouvre aucune définition concrète de ce que cela signifie d'être un humain. Elle ne le peut pas ; il est de son essence d'être anti-essentialiste. Au sens strict, elle est a-humaine […] Seule une définition pragmatico-politique peut exprimer cette essence a-humaine. L'envers de cette vacuité substantielle est la tolérance radicale et l'ouverture radicale[2] ». Autrement dit, dès sa concep-

1. Jean-Marc FERRY, « Quelle Europe chrétienne ? », *Esprit*, n° 310, décembre 2004, p. 46.

2. Ulrich BECK, « Comprendre l'Europe telle qu'elle est », *Le Débat*, 2 (129), 2004, p. 69.

tion, l'Europe se perçoit comme un *open space*, sans porte ni fenêtre, frappé du slogan « Venez comme vous êtes ! » Et l'Européen de n'avoir pour identité que son hospitalité. Situation qui ne peut qu'exacerber les tensions. Car l'habitant du Vieux Continent, ainsi vidé de sa substance, se cherche une identité de substitution. Qu'il se forge par opposition aux nouveaux arrivants dont il a le sentiment d'être devenu le paillasson civilisationnel. Le rêve du melting-pot accouche d'une mosaïque communautaire. L'absolue tolérance aboutit au retour des essences.

Ce péché originel pourrait bien expliquer les vagues populistes aussi bien que les relents nationalistes qui frappent les démocraties libérales, le sentiment de trahison par des élites dont le projet ne satisfait plus personne. L'autochtone a l'impression d'être forcé de s'effacer et de faire place nette, et l'étranger a la certitude que la place reste encombrée d'une culture qui lui interdit de véritablement enraciner la sienne. Conflits à tous les étages. Opposition du *somewhere* et de l'*anywhere*, du chauvin et du cosmopolite, du chrétien et du musulman, du nationaliste et du « maastrichtien ». Autant de tensions qui s'apaiseraient aisément si l'on revenait aux fondamentaux : une somme d'individus ne forme un peuple qu'une fois admis un corpus de valeurs communes. Comme le résume Régis Debray, avec son sens unique de la formule, « quidam ou nation ou fédération d'États-nations, quiconque manque de se reconnaître un *dessus* n'assume pas son *dehors*. Ne tolère pas jusqu'à l'idée d'avoir un dehors. Et ignore donc son *dedans*. Qui entend se surpasser commence par se délimiter. L'Europe a manqué prendre *forme* : ne s'incarnant dans rien, elle a fini par rendre l'âme. Mais ce n'est que le premier acte : la messe n'est pas dite[1] ».

C'est la reconnaissance de valeurs singulières – le *dessus* – qui garantit l'existence des frontières – entre un *dedans* et un *dehors*. Et non l'inverse. Raison pour laquelle une société dénuée de cohérence idéologique se croit menacée dans son intégrité géographique (la Russie en premier lieu). Reste donc à l'Europe, et à l'Occident en général, d'assumer ses spécificités qui fondent son identité. Sa valeur cardinale n'est ni la tolérance ni l'hospitalité, mais la dignité humaine. Celles-là se déduisant de celle-ci. D'où une évidence : on ne saurait tolérer ou accueillir celui qui nie l'individu en tant qu'absolu. Sans quoi on légitime la négation du principe fondamental de l'identité occidentale.

1. Régis Debray, *Éloge des frontières*, Gallimard, 2010, p. 64.

Le paradoxe de la tolérance

Karl Popper avait mis en lumière ce *paradoxe de la tolérance* spécifique aux cultures libérales (*La Société ouverte et ses ennemis*) et Voltaire avant lui rappelait déjà dans son *Traité sur la tolérance* qu'un gouvernement se doit d'être intolérant envers ceux qui menacent la société par leur fanatisme. « Tolérer » – du latin *tolerare* –, c'est supporter ; par extension : accepter ou accueillir. Or, pour survivre, on ne peut accepter et accueillir qu'à condition de ne pas être chassé soi-même. Agir autrement, tout accepter, tendre la joue, faire de la tolérance un absolu, c'est prendre un vice pour une vertu. Avec les conséquences tragiques qu'on connaît et qu'Abnousse Shalmani résume d'une formule lapidaire : « Par lâcheté, par peur, par paresse, par culpabilité mal placée, l'Occident, l'Europe, la France ont dérivé vers une tolérance qui laisse s'épanouir l'intolérance[1]. »

Ensemble, ils tracent la ligne claire qui fait office de frontière entre l'acceptable et l'interdit, entre le frère et l'ennemi (l'un et l'autre pouvant provenir de l'intérieur comme de l'extérieur) : quiconque distingue selon les races ou les croyances, discrimine selon l'essence, ou

1. Abnousse SHALMANI, *Laïcité, j'écris ton nom*, *op. cit.*, p. 43.

entend imposer sa vision de la transcendance ne mérite aucune tolérance. Pas de coupables et de victimes par nature, mais des êtres responsables ; pas de Blancs et de Noirs, mais des individus libres et égaux ; pas de communautés séparées, mais un creuset d'humanité ; pas d'*oumma*, mais des humains. Autrement dit, n'être tolérant qu'avec ceux qui respectent les différences, égalitaire qu'avec ceux qui reconnaissent autrui dans sa singularité, libéral qu'avec ceux qui acceptent l'autonomie de l'autre. Qui fait sien ce qui précède a toute sa place. Qui le refuse s'évince. Qu'importe son origine.

Il ne s'agit pas d'un vade-mecum ; l'Anglo-Saxon et le Latin n'ont pas la même vision de la liberté d'expression, et chaque société a sa définition de la laïcité. Pluralisme qui fait le sel et la singularité de l'Occident : des valeurs communes que chacun hiérarchise à sa manière. Pas de méthode universelle, donc. Mais une ligne de conduite : on ne peut se réclamer des principes de l'Occident quand on les manipule pour en saper les fondements. L'ancien président, ou le candidat malheureux, qui refuse l'issue d'un scrutin devrait être mis hors du jeu dont il ne respecte plus les règles. Tout comme l'élu qui renvoie ses adversaires à des identités figées pour en faire les ennemis désignés d'une communauté. Car réduire un être à un groupe culturel ou cultuel, c'est nier le principe de souveraineté individuelle. Lorsque Jean-Luc Mélenchon écrit que Jérôme Guedj s'agite « autour du piquet où le retient la laisse de ses adhésions[1] », il n'y a plus à débattre, mais à combattre. *Idem* lorsque Éric Zemmour affirme que les mineurs isolés étrangers sont des « voleurs, ils sont assassins, ils sont violeurs, c'est tout ce qu'ils sont[2] ».

Plus globalement, aucun mouvement, politique ou non, dont le projet serait d'assigner les citoyens à une essence ou de leur imposer un modèle de transcendance ne saurait être admis. Pas de Front national composé d'anciens nazis, ni d'un parti « Islam » – Intégrité, Solidarité, Liberté, Authenticité, Moralité – visant à imposer la charia en Belgique. Pas non plus de partis communistes ou anticapitalistes sans une autocritique claire de leur passé totalitaire. Ni de partis acceptant le financement d'ennemis revendiqués de la démocratie libérale. Question de décence et de confiance.

Assumer ces principes ne signifie pas seulement interdire et punir. Ce n'est qu'en dernier recours qu'on doit se tourner vers de telles extrémités, ainsi que l'écrit Voltaire dans son *Traité* : « Pour qu'un gouvernement ne soit pas

---

1. Jean-Luc Mélenchon, « Nazi ou pas ? Mélenchon répond à la ministre Retailleau », Linsoumission.fr, 29 avril 2024.

2. Propos tenus lors de l'émission *Face à l'info* du 29 septembre 2020 sur la chaîne CNews qui ont valu une sanction à la chaîne ainsi qu'une condamnation de leur auteur.

en droit de punir les erreurs des hommes, il est nécessaire que ces erreurs ne soient pas des crimes : elles ne sont des crimes que quand elles troublent la société ; elles troublent la société dès qu'elles inspirent le fanatisme ; il faut donc que les hommes commencent par n'être pas fanatiques pour mériter la tolérance[1]. » Pour séparer le bon grain de l'ivraie et trouver la limite entre l'acceptable et l'intolérable, il reste encore à en finir avec les fausses pudeurs et nommer les choses pour ce qu'elles sont. La « ré-émigration » des exilés rwandais du Royaume-Uni vers le continent africain est un racisme ; tout comme le concept de « fragilité blanche » ou la ségrégation scolaire appliquée par les racialistes aux États-Unis[2]. En appeler au divin pour refuser le mariage homosexuel ou s'autoflageller dans les rues de Paris pour célébrer une fête chiite forme un même fondamentalisme. Voir derrière l'immigration de malheureux prêts à tout risquer pour s'émanciper une manœuvre du « grand capital » ou des « mondialistes » est un complotisme. Refuser de voir un génocide quand il a lieu est un négationnisme. Appeler victimes des terroristes et terroristes les victimes est un confusionnisme.

1. *Traité de l'intolérance*, début du chapitre 18 intitulé « Seuls cas où l'intolérance est de droit humain ».

2. Voir à ce sujet : Yascha MOUNK, *Le Piège de l'identité*, *op. cit.*

Autant d'attitudes en présence desquelles la tolérance montre ses limites, car elles menacent de l'intérieur les fondations mêmes de l'édifice occidental. Comme le rappelle Umberto Eco, dès que le savoir est dénigré, que la raison s'apparente à une dépravation, que l'action devient une fin en soi, que le désaccord constitue une trahison, que la différence est honnie, que les intérêts des puissants deviennent suspects, que le peuple se substitue à l'individu et qu'on estime que la masse a toujours raison contre une élite ou une minorité, que la vie est un combat ou encore que les mots ne disent plus ce qu'ils semblent dire, dès qu'un mouvement partage tout ou partie de ces caractères particuliers, le fascisme n'est plus loin. Et l'auteur du *Pendule de Foucault* de conclure : « l'Ur-fascisme est toujours autour de nous, parfois en civil [...] Notre devoir est de le démasquer, de montrer du doigt chacune de ses nouvelles formes – chaque jour, dans chaque partie du monde[1]. »

La messe n'est donc pas dite. Pour endiguer la crise d'identité et retrouver une société pacifiée, l'Occident a les cartes en main. Ne manque que le courage de s'assumer en tant que peuple, soit une population unie par une même aspiration : l'émancipation de chacun dans un

1. Umberto Eco, *Reconnaître le fascisme* (1997), Grasset, « Les Cahiers rouges », 2024, p. 60.

ensemble commun. Ce qui implique un strict respect de la séparation entre domaine public et espaces privés – *citoyen dehors, croyant ou non dedans* –, une justice aveugle aux caractéristiques ethniques et biologiques – *pas de passe-droit devant la loi* –, et la seule reconnaissance de l'individu comme sujet politique ou juridique – *aucun droit pour les communautés et les divinités*. Liberté, égalité, laïcité font le ferment de la fraternité.

Appel à la tempérance qui hérissera les excités de la radicalité. Ceux de droite y voyant une mollesse centriste, ceux de gauche un relent suprémaciste. Et tous d'y préférer des solutions plus radicales. Repli identitaire et fermeture des frontières, abandon de la laïcité et généralisation des communautés. Révolution et table rase. Rien de bien sérieux pour qui désire rester fidèle à l'idéal du « vivre-ensemble ». Mieux vaut voir petit et se contenter des institutions qui avaient fait leurs preuves, avant qu'on ne les trahisse par excès de tolérance. « Le monde ne vaut que par les extrêmes [...] et ne dure que par les modérés[1] », disait Paul Valéry. À quoi on pourrait ajouter que les grandes idées attirent toujours les petits esprits.

1. *Cahiers, Tome II*, Gallimard, « Bibliothèque de la Pléiade », 1974, p. 1368.

Le piège de la paix

Le maintien des conditions de l'émancipation de chacun passe donc par une intolérance à l'intolérance. Acceptable et possible tant que les ennemis viennent de l'intérieur. Mais que faire lorsqu'ils dirigent un pays et une armée ? Changement d'échelle qui modifie les stratégies. Pour recadrer le factieux, l'État dispose de tout un éventail de solutions, parce qu'il demeure sur son territoire, soumis à ses règles. Face au belligérant en revanche, les marges de manœuvre sont limitées : se battre ou se taire. Car l'application des principes occidentaux à l'étranger peut rapidement tourner au *casus belli*. Comment imposer un état de droit sans menacer un dirigeant qui ne le respecte pas ? empêcher un génocide sans envoyer des soldats ou tordre le bras des autorités locales ? promouvoir la liberté et l'égalité au sein d'une population sans renier sa souveraineté et son droit à vivre comme elle l'entend chez elle ? Bref, comment rester fidèle à des valeurs qui demandent à s'étendre à tous sans contraindre personne ?

Pour beaucoup, les récents échecs des coalitions occidentales ont apporté une réponse définitive à ces questions. La campagne d'Afghanistan aura duré près de vingt ans, coûté plus de deux mille milliards de dollars, et entraîné la mort de dizaines de milliers de soldats et de civils ; sans éradiquer la présence des talibans[1]. La guerre d'Irak destinée à faire tomber Saddam Hussein aura favorisé l'avènement d'un régime plus monstrueux encore. Et quinze ans après l'intervention en Lybie, la situation reste instable. Quel que soit le pays et quel que soit le motif, force est de constater que ceux qui étaient accueillis en libérateurs ont fini par être perçus comme des envahisseurs. Et nulle part, on a fait avancer les droits humains en larguant des Constitutions par convois aériens.

S'impose alors une ligne de conduite, comme un impératif catégorique : puisqu'un conflit armé est toujours une défaite des valeurs occidentales, il convient de tout mettre en œuvre pour empêcher qu'il n'éclate. Adopter un pacifisme radical et lutter contre les va-t-en-guerre. Quoi qu'il arrive, ne pas rompre le dialogue diplomatique. Traiter chaque nation comme une entité souveraine, chaque culture comme une égale, chaque manœuvre comme une nécessité. Attitude pleine de sagesse qui pourrait bien aboutir à la paix perpétuelle. À condition qu'elle soit partagée par tous. Voilà ce qu'oublient les promoteurs de la non-violence à tout prix.

1. The White House, « U.S. Withdrawal from Afghanistan », 6 avril 2023 ; U.S. Department of Defense, « Casualty Status », 16 juillet 2024.

Pour qu'un conflit soit évité, il faut que chaque partie reconnaisse le droit de l'autre à exister, accepte la légitimité de son gouvernement et de ses frontières, et accorde à la vie humaine une valeur inestimable. Dans le cas contraire, la stratégie pacifiste devient un blanc-seing pour une guerre qui n'épargnera que les bourreaux.

Le paradoxe du pacifisme

Lorsque Barack Obama renonça à faire respecter la « ligne rouge » qu'il avait lui-même tracée quant à l'utilisation d'armes chimiques en Syrie, les dictateurs du monde entier n'y virent pas l'expression d'une mansuétude, mais l'aveu d'une faiblesse. Bachar el-Assad en profita pour exterminer une partie de son peuple, et Vladimir Poutine, après avoir envahi la Géorgie et poussé à la sécession de l'Abkhazie, y vit le signal d'un droit *de facto* à annexer la Crimée. Droit par ailleurs confirmé par la signature des accords de Minsk I et II, jamais appliqués par la Russie, mais invoqués dix ans plus tard pour légitimer l'invasion de l'Ukraine... C'est un même aveuglement qui a incité la Chine à étendre son contrôle maritime, à réduire l'autonomie de Hong Kong via des élections truquées, et à encercler Taïwan. Un même refus de la réalité qui a permis à la Russie de chasser la France du Sahel et du Centrafrique, et incite aujourd'hui les régimes autoritaires à lorgner sur le terrain de leurs voisins – la Turquie sur l'Arménie – lorsqu'il ne s'agit pas de les vassaliser – le Liban et l'Irak par l'Iran –, voire de les envahir – l'Azerbaïdjan sur le Haut-Karabakh. Comme si, dans certains cas, l'appel à la diplomatie devenait une invitation à la violence.

Engrenage infernal qui se résume par une formule aussi triste qu'évidente : on ne peut être pacifiste qu'avec ceux qui désirent la paix, comme on ne doit tolérer que les esprits épris d'ouverture. D'où la nécessité de distinguer les stratégies selon l'interlocuteur. Face à une démocratie libérale, la recherche d'un accord s'avère toujours payante, car le désir de paix y est consubstantiel au régime politique. Il ne s'agit pas ici d'un effet de richesse – les Occidentaux auraient plus à perdre – ni du jeu des alliances – on n'attaque pas les partenaires militaires –, mais de la valeur accordée à la vie humaine, qui se traduit par un régime spécifique, la démocratie, qui renforce à son tour le caractère sacré de l'intégrité de chacun. Raison pour laquelle on trouve si peu de conflits opposant deux nations libérales[1].

1. De nombreuses études empiriques confirment l'extraordinaire propension à la paix des démocraties libérales et démontrent que ce comportement pacifiste est intrinsèquement lié au régime politique lui-même et, au-delà, aux valeurs sur lesquelles il repose. Voir notamment : James Lee RAY, « Wars

Les choses sont fort différentes dans les pays autoritaires et les sociétés fanatisées. L'humain n'y a pas de valeur en soi. Matière première ou martyr, il ne constitue qu'un rouage dont on accepte volontiers le sacrifice. Aussi, face à l'animosité de ces régimes, le désir de paix devient un vice. La recherche d'un compromis s'apparente à une compromission, la tolérance à de la décadence. Inévitablement, le refus de l'affrontement creuse les tranchées du champ de bataille. Dans *Le Monde d'hier*, Zweig décrit admirablement comment ce désir de paix fit le lit de la guerre : « Mais si grande était la répulsion qu'inspiraient tout tumulte violent et toute effusion de sang à cette époque libérale d'une faiblesse tragique et d'une humanité touchante que le gouvernement recula devant la terreur [...] Toutes les fissures et les failles souterraines qui séparaient les races et les classes, que l'époque du compromis avait eu tant de peine à replâtrer, se rouvrirent et devinrent des abîmes et des gouffres[1]. » Les ennemis autoproclamés des démocraties libérales n'ayant

---

between Democraties : Rare, or Nonexistent ? », *Empirical and Theoretical Research in International Relations*, 18 (3), p. 251-276, 1993 ; Havard HEGRE, « Democracy and Armed Conflict », *Journal of Peace Research*, 51 (2), p. 159-172, 2014 ; Kosuke IMAI & James LO, « Robustness of Empirical Evidence for Democratic Peace : A Nonparametric Sensitivity Analysis », *International Organization*, 75, p. 901-919, 2021.

1. Stefan ZWEIG, *Le Monde d'hier*, *op. cit.*, p. 104.

pas changé, le monde de demain ne sera pas différent.

Plus grave encore, la volonté d'éviter la guerre ne peut être perçue autrement que comme la trahison des valeurs occidentales et l'expression d'un profond mépris à l'égard des autres populations. Condamner ici les discriminations de genre et les féminicides tout en se montrant aveugle au sort des Iraniennes, c'est refuser à ces dernières le statut de femmes, libres et égales à leurs homologues européennes. Tergiverser sur le génocide des Ouïghours cependant qu'on se montre intraitable avec les colons israéliens ou qu'on fustige le racisme d'extrême droite, c'est révéler qu'on n'attend moins des Chinois que des Occidentaux. Affirmer la souveraineté des peuples, mais refuser d'humilier Poutine lorsqu'il déclare l'invasion de l'Ukraine, c'est estimer que la Russie est par nature incapable de relations pacifiques. Dans les trois cas, cela revient à faire de l'Autre, du non-Occidental, un sauvage dont on n'attend rien. Comment alors espérer autre chose que du ressentiment de la part de ces hommes et de ces femmes qui regardent avec envie du côté de l'Occident ? Voilà le véritable piège de la paix : une hypocrisie en forme de reniement.

La question du sacrifice

Reste qu'il est bien difficile d'entrer en guerre pour qui sanctifie la vie. Quand bien même il s'agirait de la seule façon de demeurer fidèle à ses valeurs. Mieux vaut une tache sur son honneur qu'une décoration posthume. Sans doute est-ce, en dernière analyse, l'argument le plus légitime des pacifistes radicaux, du moins lorsqu'ils sont sincères. (Contrairement aux pseudo-géopolitologues et vrais admirateurs des dictateurs qui travestissent leur tropisme en prétendu réalisme.) Sauf que ces munichois modernes, ceux de droite – « Sauvons les nôtres » –, comme ceux de gauche – « Épargnons les autres » –, se trompent en plaçant l'existence au-dessus des conditions de son émancipation. Sans la liberté, sans la reconnaissance de la dignité, la vie – dans son acception occidentale – se trouve réduite à la survie. Autrement dit, pour qui ne conçoit qu'une vie digne et libre, la négation des principes qui la rendent possible constitue une menace plus grande encore que la mort.

Cela, les mythes constitutifs de l'Occident l'ont mis en évidence à travers les destins tragiques d'Antigone et d'Iphigénie[1]. La première,

1. Voir à ce sujet l'analyse détaillée de Robert Kaplan dans *The Tragic Mind*, 2023.

en voulant honorer la dépouille de son frère Polynice, tombé dans sa lutte fratricide pour le trône de Thèbes, place la justice divine au-dessus de l'ordre politique, et, en cela, s'oppose à son oncle, le roi Créon, qui a privé le jeune prince de toute cérémonie funéraire pour s'être allié aux ennemis de la cité. Derrière Antigone et Créon s'affrontent deux conceptions du monde, moralement aussi valables l'une que l'autre. Sauf que le désir d'Antigone crée le risque d'un chaos, et elle le sait. La justice divine est une menace pour l'ordre humain ; comme la quête de pureté idéologique traîne dans son sillage les pires atrocités politiques. Et si la douce héroïne finit par se pendre dans sa cellule, c'est qu'elle sait l'impossible dilemme qu'elle impose à son oncle qui l'aime. S'il la condamne à mort pour avoir désobéi à son décret, il sera brisé, s'il la laisse faire, c'est la société qui s'effondrera.

De même, Iphigénie consent à se sacrifier pour apaiser la colère d'Artémis lorsqu'elle réalise qu'il s'agit de la seule solution pour que l'armée de son père, le roi Agamemnon, ne se retourne pas contre le royaume. Sachant qu'il ne pourra se résoudre à tuer sa fille bien-aimée, mais qu'il n'a d'autre choix, elle précèdera son acte, et choisira pour lui de maintenir l'ordre. Telle est l'essence du tragique qui, contrairement au drame, met en tension des absolus qui se valent pour révéler l'absence de toute solution satisfaisante. Ni Antigone ni Iphigénie ne méritaient la mort, et Créon et Agamemnon sont tout autant victimes que bourreaux. Tous sont les jouets d'un destin qui les a placés dans une situation impossible et les a condamnés à assumer leur rôle.

Le sacré de l'Occident

Il en va ainsi des démocraties libérales – et de ces seules sociétés – lorsqu'elles font face à la menace de la guerre et découvrent avec horreur l'inévitable dilemme : protéger la vie par tous les moyens, au risque d'être absorbées dans un régime qui renie les principes d'une vie libre, ou protéger ces derniers au péril de nombreuses vies innocentes. Dilemme qui n'en est pas, car la nécessité s'impose. Accepter l'invasion, ne pas se défendre, abdiquer, attendre le cessez-le-feu, ou supplier d'un retour à la table des négociations, c'est acter la fin d'une société qui a pour seule et unique ambition l'émancipation des individus qui la composent. Craindre de répondre à l'envahisseur ou passer ses méfaits sous silence – pour vendre des voitures électriques, achetez du gaz ou la paix religieuse –, c'est détruire les valeurs sur lesquelles reposent la société et, au-delà, la civilisation.

Raison pour laquelle, face à la menace de la guerre, les démocraties libérales éprouvent tant de difficulté à agir. Les dirigeants ne sont pas faibles lorsqu'ils s'interrogent sur la marche à suivre ; ils savent tout le tragique de leur situation. Mais pour cette même raison, une fois embarquées dans le conflit, les démocraties libérales ont toutes les peines du monde à s'arrêter avant que le cadavre de l'ennemi ne s'effondre encore fumant sur le champ de bataille. Car elles combattent armées de valeurs, et non pour des objectifs passagers, évoluant au gré des caprices et des turpitudes d'un dictateur. Aussi, lorsqu'elles entrent en conflit, est-ce leur légitimité morale qu'elles mettent en jeu.

Le dirigeant d'un État autoritaire peut faire la guerre puis demander une trêve, et expliquer la nécessité de l'une comme de l'autre par des motifs incohérents ou contradictoires. L'invasion de l'Ukraine était une « opération militaire spéciale », avant d'être une manœuvre préventive contre un régime nazi, pour finalement devenir une guerre défensive contre l'Occident. Et durant tout ce temps, le terme « guerre » fut proscrit et son usage pénalement réprimé. De même pour Taïwan menacée par la Chine, tantôt pour être un avant-poste américain, tantôt une province sécessionniste. Comme l'expliquait Raymond Aron, tous les dictateurs peuvent jouer sur ces manipulations orwelliennes, « brûler ce qu'ils adoraient, adorer ce qu'ils brûlaient sans même que les gouvernés en soient profondément troublés, les uns ne croyant à aucune propagande, d'autres croyant à la vérité de chaque instant, d'autres enfin prêts à faire crédit à la ruse nécessaire de leurs maîtres[1] ». Leurs promesses sont écrites dans le sable et n'engagent personne.

Tout le contraire des démocraties libérales. En leur sein, chacun supporte le fardeau de la guerre et le tragique qui en résulte. Puisque la guerre menace l'idée même que ses membres se font de la civilisation, impossible d'arrêter avant que le triomphe ne soit total. D'où une maxime évidente : les démocraties libérales ne gagnent jamais à débuter une guerre, mais perdent tout à ne pas se défendre jusqu'à la défaite de l'agresseur. Et paradoxalement, une telle proposition, si banale par sa radicalité, prouve que les démocraties libérales, loin d'être ces sociétés matérialistes, dénuées de valeurs et décadentes, sont bien plus morales et même spirituelles que toutes les autres sociétés. Car pour refuser l'affrontement au nom de l'incommensurable valeur de la vie tout en acceptant tous les sacrifices pour la sauvegarde d'un ordre qui rend possible son émancipation, elles démontrent leur extraordinaire attachement, leur relation viscérale, à ces principes qui, pour autoriser le sacrifice et interdire le sacrilège,

1. Raymond ARON, *Paix et guerre entre les nations*, Calmann-Lévy, 2004, p. 285.

sont véritablement sacrés. Qu'on ne vienne pas dire qu'il n'y a aucune spiritualité occidentale. Séculière, rationnelle, laïque, c'est certain, individualiste peut-être, aucunement métaphysique, mais spiritualité tout de même.

L'impossible dialogue

Si la guerre menace, c'est donc bien que des idéologies antagonistes se font face. Et on n'évitera pas le conflit par le dialogue, car démocraties libérales et États autoritaires ne sauraient s'entendre. Pour une raison simple : ils cohabitent dans un même espace, mais évoluent dans des temps différents. Le passé des premières étant le présent des seconds.

Aucun jugement de valeur ici, simplement un constat. Toutes les manœuvres géopolitiques des régimes durs relèvent d'une même logique : l'*état de nature* est l'état naturel des relations internationales. Approche qui découle d'une problématique de rareté généralisée. Tant qu'aucun peuple n'était en mesure de survivre grâce aux seules ressources qu'il produisait sur son territoire, la tentation était grande de trouver ailleurs ce qui lui manquait. Dans un monde sans croissance ni progrès technique, la quête de prospérité se trouvait réduite à une question d'expansion. Capter les ressources étrangères, trouver des relais de développement externes et maintenir des zones tampons, tels étaient les objectifs de nations prises au piège de la pauvreté. D'où un darwinisme erroné qui faisait de la guerre une nécessité.

N'est-ce pas précisément les raisons invoquées par la Russie lors de l'annexion de la Crimée, puis de l'invasion de l'Ukraine ? Se protéger de l'Otan, endiguer la crue démocratique aux frontières de l'ancienne URSS, maintenir un contrôle sur des pays satellites : autant d'actions qui traduisent cette conception belliciste des rapports entre nations. De même pour la Chine, cherchant à étendre son emprise en mer – coupant l'accès de l'Asie-Pacifique aux autres pays côtiers – comme sur terre – revendiquant l'ensemble du Tibet –, jusqu'à coloniser indirectement les territoires africains riches en métaux rares. Quelle que soit la manœuvre envisagée, elle n'a de sens que dans un monde où règne la rareté.

Âge doux et esprits belliqueux

Mais ce monde est révolu. Internet a aboli les distances et créé un espace commun, favorisant un sentiment d'appartenance à un ensemble planétaire. L'instauration d'organisations supranationales, au premier rang desquelles l'Union européenne, a contraint les ennemis héréditaires à nouer de solides amitiés – le couple franco-allemand. Progrès techniques et informatiques ont réduit le poids de l'industrie et provoqué l'émergence d'une économie de la connaissance, qui s'est accompagnée d'une augmentation des échanges, des voyages et du temps de loisir. Les sciences du vivant et du climat ont modifié l'approche de l'environnement et de l'habitat, imposant de penser les défis futurs sur un plan collectif et mondial. Tout est devenu réseau et information. Avec les conséquences que l'on connaît : huit milliards de personnes vivent mieux et plus longtemps aujourd'hui que deux milliards il y a un siècle. Ce qu'on nomme une *efflorescence* mondiale ou, plus prosaïquement, un miracle économique.

Dans cet *âge du doux*, comme le qualifiait Michel Serres (*Le Gaucher boiteux*), où l'abondance a remplacé la rareté, l'interdépendance surpasse la puissance. Mieux vaut coopérer que coloniser, importer plutôt qu'annexer, accueillir au lieu d'envahir. Le réticulaire l'a emporté sur le militaire. Fait que résume Francis Gavin en observant que « les prouesses techniques dans la télécommunication, l'énergie et la santé, la puissance financière, l'ouverture et l'attention politique, la générosité et l'attraction socioculturelle [...] sont souvent de meilleurs indicateurs de la position mondiale que les mesures du passé telles que le nombre de tanks ou de navires, l'unité ethno-nationale ou la production de charbon, de blé et d'acier[1] ».

Par conséquent, sur un plan purement matériel, les stratégies de la plupart des États autoritaires s'avèrent improductives, voire suicidaires. En refusant le jeu du libre-échange et de la libéralisation, les gouvernements vénézuélien et nord-coréen ont semé la désolation dans leur population. En déniant aux femmes toute forme de liberté, mollahs iraniens et talibans afghans privent leur pays de la moitié de ses forces vives et donc d'autant de richesse. Le gouvernement chinois empêche l'éclosion d'une véritable classe moyenne en réduisant son économie au commerce extérieur et limite ses capacités de développement en agissant militairement en Asie-Pacifique – sa mainmise sur la mer pousse ses voisins vers les Américains. Par ailleurs, son soutien à la Russie la confronte à l'Occident dont elle dépend tandis que ces velléités territoriales l'éloignent de l'Inde. Autant de positions politiques qui l'affaiblissent sur les plans économique et diplomatique. Contreproductif donc pour un pays qui désirerait rivaliser avec les États-Unis. Quant au pouvoir russe, sous

1. *The Taming of Scarcity and the Problems of Plenty. Rethinking International Relations and American Grand Strategy in a New Era*, International Institute for Strategic Studies, 2024, p. 48.

prétexte de protéger la souveraineté de son pays – d'illusoires assauts occidentaux –, il s'est soumis économiquement à la Chine et militairement à l'Iran et à la Corée du Nord, sans pour autant assurer sa victoire sur l'Ukraine ni enrichir son peuple.

Pourtant, ces dirigeants ne sont pas idiots. S'ils agissent ainsi, ce n'est pas qu'ils ignorent que le monde a changé, mais que leur esprit le refuse. Aveuglés par la vieille logique de l'*état de nature*, ils veulent demeurer durs dans l'âge doux. En réalité, ils le doivent ; pas le choix. Sans quoi les principes qu'ils défendent s'effondreraient immédiatement. Xi Jinping renonçant à ses visées impérialistes et libérant ses concitoyens admettrait la supériorité de la démocratie libérale dont la Chine deviendrait un champion. Poutine cessant de s'opposer à l'Occident pour en devenir le partenaire sonnerait la fin du fantasme sovietico-tsariste. L'Iran, émancipé des mollahs, diffuserait l'idéal laïque dans le monde musulman. Et les pays africains, libérés de l'emprise d'États étrangers, réaliseraient que leurs difficultés ne sont pas le fait d'une Europe hégémonique et colonisatrice. Dirigeants et peuples devraient renoncer à un récit qui, jusqu'à présent, les a exonérés de leurs responsabilités.

Pas de paix sans fidélité aux principes

Dès lors, jouer l'apaisement sera toujours un choix perdant. Le régime autoritaire opposera inévitablement une fin de non-recevoir à toute collaboration qui le contraindrait à entrer de plain-pied dans l'ère du doux, quand bien même elle bénéficierait à sa population. Pire encore, toute tentative de pacification des relations sera perçue soit comme une manœuvre de subversion, soit comme l'aveu d'une faiblesse. Inefficace donc, la diplomatie occidentale avec les dirigeants coincés dans le passé. Défendre la souveraineté des nations face à Poutine, l'état de droit avec la Chine, la laïcité en Iran, et l'importance de la liberté partout, ne peut que favoriser la coalition de ces alliés de circonstances. De même, des nominations par l'ONU, telles que celle de l'Arabie saoudite à la présidence de la Commission de la condition de la femme, ou celle de l'Iran à la présidence du Forum social du conseil des droits de l'homme, n'ont pas créé un électrochoc humaniste dans ces régimes. Au contraire, ils ont usé de cette position prestigieuse pour phagocyter l'Organisation au point de la ridiculiser.

Tendre la main aux adversaires idéologiques, c'est laisser l'opportunité qu'ils mettent un pied dans la porte. Engrenage militaire et cercle vicieux en perspective. Les placer aux plus hauts postes de décisions, c'est inviter le loup dans la bergerie. Destruction des valeurs de l'intérieur. Face aux régimes violents, il faut montrer les dents. Non par haine ou désir de guerre, mais parce qu'il s'agit de la seule réaction que l'adepte de l'*état de nature* interprétera comme un signe de désapprobation.

Il suffit pour s'en convaincre de retracer l'enchaînement des événements qui ont précédé et immédiatement succédé l'invasion de l'Ukraine. Quatre jours avant le déclenchement de la guerre, Emmanuel Macron, en tant que dirigeant du pays assumant la présidence de l'Union européenne, multiplie les conversations téléphoniques avec Vladimir Poutine afin de sonder ses intentions[1]. En dépit de son apparente fermeté (« Je ne sais pas où ton juriste a appris le droit »), le président français adopte une approche consensuelle et dévoile immédiatement son désir d'éviter un conflit. La suite sera le camouflet que l'on sait. Trois jours après l'entrée des chars, ce sera au tour de Biden de proposer d'exfiltrer Zelensky. Et si ce dernier n'avait pas refusé (« *I need ammunition, not a ride* »), l'Ukraine n'existerait plus.

Tout comme elle aurait disparu si les fameuses « lignes rouges » fixées par le Kremlin avaient

1. Guy LAGACHE, « Un président, l'Europe et la guerre », documentaire diffusé le 30 juin 2022 sur France 2.

été respectées. Dès le premier jour de l'invasion, Poutine avait promis aux soutiens de l'Ukraine un cataclysme nucléaire : « Peu importe qui tente de se mettre en travers de notre chemin ou, *a fortiori*, de créer des menaces pour notre pays et notre peuple, ils doivent savoir que la Russie répondra immédiatement, et les conséquences seront telles que vous n'en avez jamais vu dans toute votre histoire[1]. » À quoi les démocraties libérales ont répondu par les différents trains de sanctions. Puis par la livraison de matériel défensif. Déplacement de la limite à ne pas franchir : pas d'armes offensives. Vinrent les canons Caesar puis les chars Abrams, Leopard et Challenger début 2023, puis les missiles Scalp en juillet. Nouvelle limite : pas d'attaque du territoire russe. À quoi firent suite le survol du Kremlin par des drones ukrainiens et l'arrivée des troupes à Koursk. Et dans le même temps, l'envoi d'avions F-16 et la promesse des Mirage.

À chaque fois que la ligne rouge a été enfoncée, la Russie a reculé. À chaque fois qu'elle a été respectée, la Russie a avancé. Ce qui infirme les positions des réalistes et replace le psychologique au centre du jeu stratégique : prendre au sérieux les ennemis de la démocratie, c'est accepter d'entrer dans le rapport de

1. « Address by the President of the Russian Federation », Moscou, 24 février 2024.

force. Comprendre qu'ils ne respectent que les postures intransigeantes. La passivité a conduit au conflit, l'agressivité permettra d'en sortir. D'où une ligne de conduite à adopter au plus vite pour qui voudrait éviter l'explosion des tensions : faire preuve d'autorité avec les régimes autoritaires, se réarmer idéologiquement pour les désarmer militairement. Ce qui se matérialise par le refus de toute compromission et le retour aux positions de principes :

Soutenir les démocraties partout où elles sont menacées. Répondre aux visées impérialistes par le renforcement d'alliance militaire et la multiplication de sanctions économiques. Interdire toute fonction dans les organisations internationales aux régimes n'en adoptant pas les valeurs morales. Bloquer les flux financiers en provenance des dictatures. Renvoyer les enfants de dictateurs dans leur pays d'origine au lieu de les accueillir dans les plus prestigieuses institutions occidentales. Désavouer les anciens dirigeants politiques qui s'y soumettent, en occupant des postes clés dans les entreprises publiques ou en devenant leurs conseillers stratégiques. Bref, briser la création d'une *intelligentsia* antidémocratique avant qu'elle ne se métastase, et assumer le prix de l'indépendance à l'égard des régimes où argent et foi font la loi.

En chemin vers la guerre ?

« Attention aux chocs des civilisations ! » rétorqueront en chœur les passionnés de la culpabilité et les admirateurs de dictateurs, « si l'Occident a mauvaise presse, ce n'est pas en bombant le torse qu'elle retrouvera son lustre ». Mise en garde erronée qui prend la cause pour l'effet. L'Ouest ne nourrit pas les animosités par excès de force, mais par manque d'assurance. Lorsque les démocraties libérales rechignent à reconnaître une dictature pour ce qu'elle est – et à agir en conséquence – elles encouragent les tyrans et nient la dignité de leurs sujets. Les premiers y voient le signe d'une faiblesse matérielle et idéologique, les seconds l'expression d'une trahison. La liberté, l'égalité, la fraternité et la laïcité s'arrêteraient aux frontières de l'Occident ; pour les autres, l'importance des principes serait inversement proportionnelle aux capacités militaires du régime ainsi qu'aux opportunités offertes par le dictateur en place. D'où le sentiment en vogue dans le Sud global d'une éthique occidentale en toc ; un élément de « com' » destiné à faire rêver le chaland tout en lui faisant les poches. Voilà où conduit l'hypocrisie.

Rester fidèle aux principes occidentaux, c'est au contraire en assumer pleinement le fardeau.

Ce qui implique de toujours faire primer l'intérêt de l'humain, où qu'il soit, sur toute autre considération diplomatique, jouer le peuple contre le régime – par la multiplication des messages de soutien, la révélation de leur condition et la condamnation de ceux qui les oppriment –, investir dans les secteurs privés dès qu'on le peut – au lieu de fournir des aides aux États qui finiront sur les comptes d'apparatchiks et de fonctionnaires mal avisés –, faciliter l'exil par l'extension de droit d'asile et les mouvements populaires par les techniques de communication, avoir toujours la liberté en point de mire et l'éthique comme repère.

À en juger par les milliers de vidéos postées par ces rebelles iraniennes sur les réseaux sociaux, par ces lanceurs d'alertes en Chine ou en Russie, et plus encore par le nombre de migrants ayant fui les dictatures d'Afrique sub-saharienne, ce qui est reproché à l'Occident n'est pas qu'il étale sa puissance, mais qu'il se mure dans le silence. De cette partie du monde dont ils ne peuvent pas jouir, ceux qui se battent pour leur émancipation n'attendent que l'assurance que quiconque lutte pour sa liberté la trouvera à ses côtés.

La véritable décadence

Assumer le génie, c'est donc rester fidèle à une certaine idée de l'universel, accepter d'être, aux yeux des autres, un phare autant qu'un horizon. Fardeau immense qui s'impose à l'Occidental et l'oblige, en vertu d'une histoire dont il n'a pour seule responsabilité que la chance d'en être l'héritier. Témoin vivant qu'il est d'un accident qui a projeté l'humain hors de l'*état de nature* et a tracé un chemin, fait de cahots et de détours, vers un âge doux.

Incrédule, l'Occidental peut l'être. Sept mille générations de *Sapiens* avant lui ont façonné par leur désir de liberté le monde dans lequel il est né. Et près de six milliards de ses congénères attendent encore leur tour. Oui, il a eu de la chance. Inestimable privilège qui lui vaut d'être envié et honni. Car son existence même menace les oppresseurs et exalte les opprimés. C'est cela, la malédiction du vainqueur : endosser le rôle de porteur d'espoir. Rappeler par sa seule présence qu'il existe un endroit – qui ne demande qu'à s'étendre – où l'homme est son seul maître et la quête du bonheur son unique salut.

Tâche plus difficile qu'il n'y paraît tant elle requiert une extraordinaire force morale. Et même une certaine foi en l'homme et dans les institutions dont il a assuré la lente sédimentation sans véritablement les comprendre. Aimer ce qu'il y a de mystérieux et de frustrant dans une société qui, pour offrir à tous les conditions de leur émancipation, prive chacun d'un idéal clé en main. Jeu de vases communicants, où l'individu ne s'émancipe que dans un collectif qui se dissipe. Pas de grandes idéologies, pas de mythes partagés, si ce n'est ces trois mots : liberté, égalité, fraternité. L'abandon d'une transcendance qui relie et délimite, donnant du sens au sentiment d'appartenance, est le prix de ce triptyque qui fait de l'individu un absolu.

Sans doute est-ce là le point sur lequel achoppent tous les fossoyeurs de l'idéal occidental. Car, à bien y regarder, cette foule hétéroclite et bigarrée, qui réunit pêle-mêle annonciateurs du grand collapse et admirateurs du renouveau totalitaire, avocats des damnés de la Terre et anti-américains primaires, prospectivistes en mal de reconnaissance et philosophes aigris, bref, ce regroupement de toutes les girouettes et boussoles cassées n'a en commun qu'un désir de fonder un nouveau récit collectif : retrouver du liant dans la haine de l'Occident. Derrière les accusations et les constats pseudo-scientifiques, c'est le même *leitmotiv* : « Vite, trouvons un sens à l'histoire pour oublier que nos vies n'en ont aucun. »

Ceux qui entérinent la fin de l'Occident, ou relativisent ses prouesses matérielles comme morales, ne sont pas tant déçus de ses imperfections qu'incapables d'accepter qu'il constitue le plus haut degré de sophistication humaine. Raison pour laquelle leurs rangs grossissent à mesure que les sociétés progressent. Tant que les principes fondateurs de l'Occident restaient des concepts, mal appliqués ou menacés, ils trouvaient un sens à les défendre. Combat faisait nécessité. Mais une fois concrétisés, ils renvoient chacun à sa propre existence et lui imposent de déterminer, seul et pour lui-même, la conduite à adopter. Pour qui s'avère incapable de donner du sens à sa propre vie, une démocratie libérale aboutie est alors la pire des organisations humaines. Qu'il convient de renverser, sans dévoiler le réel motif de la haine qui anime ces handicapés de la joie. On ne fait pas tomber un système en se ciblant soi-même.

D'où la multiplication d'arguments fallacieux visant à disqualifier l'Occident. Raciste, cette seule partie du monde où ni la mélanine ni l'origine ne déterminent la valeur d'un homme. Colonialistes, les seuls pays à avoir posé un regard critique sur leur passé d'envahisseurs. Inégalitaires, ces lieux où les richesses sont les mieux réparties. Épuisés, ces peuples qui inventent les techniques et diffusent le progrès. Moribonds, ces femmes et ces hommes qui manifestent leur attachement à la liberté d'expression. Insensibles, ces gens qui, à chaque attentat, brandissent les couleurs de la nation frappée. Défectueuses, ces démocraties que même les dictateurs imitent. Incontrôlables, ces seules organisations à même d'enrichir et de dépolluer. Répulsives enfin, ces sociétés aux portes desquelles se pressent des millions d'immigrés. Qu'importe que tout soit faux, l'Occident doit devenir le déversoir des frustrations, le bouc émissaire des haines de soi, l'exutoire des pessimistes, des craintifs et des amers.

Renversement des perspectives qui constitue l'expression la plus pure du nihilisme. Car ceux qui s'attaquent à l'Occident n'ont rien d'autre à proposer. Ils plébiscitent la souveraineté du peuple, défendent l'autonomie individuelle, et ne trouvent rien à redire aux concepts de liberté, d'égalité ou de dignité. Mais alors que ses valeurs prennent vie sous leurs yeux, et les contraignent à se prendre en main, ils en concluent à l'effondrement des sociétés dont elles ont accouché. L'Occident ferait naufrage de n'être que ce qu'il est, de n'avoir au fond rempli que les missions qu'il s'était fixées. Raison pour laquelle il serait temps pour lui d'abdiquer. Et avec dignité, s'il vous plaît. Comme l'orchestre du *Titanic* jouant un dernier morceau avant le grand plongeon.

Voilà la véritable décadence. L'impossibilité de se réjouir d'être libre au milieu de femmes et d'hommes aussi libres que soi. L'inaptitude à voir ce que l'on voit. Le reniement de la grandeur d'une civilisation par peur du qu'en-dira-t-on. L'abdication de l'honneur d'être admiré autant que détesté, et l'abandon de sa responsabilité. Le refus d'une réalité qui, bien qu'ayant exaucé tous les vœux de l'humanité, n'est pas encore conforme à la démesure des attentes. Au fond, la véritable décadence, c'est simplement ne pas reconnaître qu'on a eu de la chance. Comme aucun autre lieu ni aucune autre époque n'aurait pu en procurer. Et n'en ressentir aucune gratitude ni jubilation. Demeurer sans espoir quand tout donne lieu d'espérer. Pathologie qui nourrit tous les discours révolutionnaires et factieux, qui se tapit derrière la nostalgie d'un passé fantasmé et le rêve d'un avenir meilleur, qui anime les populismes et les nationalismes, toutes les formes d'extrémismes. Tels sont les seuls ennemis de l'Occident, ceux qui pourront en causer la perte et qu'il faudra encore et toujours combattre.

Fukuyama, qui dans les dernières pages de *La Fin de l'histoire et le Dernier Homme* s'interrogeait sur les seules causes possibles d'un effondrement de l'Occident, avait entrevu ce défaitisme puéril, ultime défi métaphysique adressé aux sociétés libres : « Ce n'est pas une affaire d'inachèvement de la révolution démocratique, et ce n'est pas que les bénédictions de la liberté et de l'égalité n'auraient pas été répandues sur l'ensemble du peuple. L'insatisfaction naît très précisément là où la démocratie a triomphé le plus complètement du régime antérieur : on est insatisfait *de* la liberté et de l'égalité. Ainsi, ceux qui restent insatisfaits auront toujours la possibilité de recommencer l'histoire[1]. » Reste donc aux heureux lucides à sortir victorieux de cette *guerre de l'esprit*. Pour éviter que l'histoire ne recommence, et que le monde ne se défasse.

1. Francis FUKUYAMA, *La Fin de l'histoire et le Dernier Homme*, Flammarion, « Champs essais », 1992, p. 375.

Post-scriptum

« Victoire » ne signifie pas « fin de l'histoire »

Reste une dernière erreur d'interprétation à dissiper. La victoire des démocraties libérales ne marque pas la fin de l'histoire et pourrait bien ne constituer qu'une parenthèse dans un récit sans *happy end*. Rien dans les faits ou les idées ne permet en effet de penser que l'Occident aurait creusé le sillon d'un idéal civilisationnel universel.

L'Occident étant un accident, il y a fort à parier qu'un tel miracle ne se reproduira pas ailleurs, en tout cas pas selon des modalités et des principes identiques. La Chine ne sera peut-être jamais totalement libre, les Russes ne connaîtront sans doute pas la démocratie de sitôt, et les Iraniens devront lutter encore longtemps pour faire advenir cet idéal auquel ils aspirent. Les événements récents prouvent que les régimes autoritaires et illibéraux, ceux qui font peu de cas de l'humain et n'offrent ni confort matériel ni paix de l'esprit, peuvent survivre et s'étendre. Ils démontrent que la démocratie libérale ne s'impose ni ne se décrète, tant il existe des forces qui lui résistent. Fukuyama ne s'était finalement trompé que sur un point : il n'y a pas de dialectique historique, aucun mouvement rationnel qui tende vers le meilleur. Celui-ci reste à construire et à inventer. Et seules l'abnégation et la confiance du plus grand nombre, à l'Ouest comme ailleurs, seront en mesure d'y parvenir.

La victoire de l'Occident ne se comprend qu'à la condition de reconnaître l'absence de linéarité dans l'évolution des civilisations. Sans quoi la grandeur d'une organisation se confond avec son expansion et sa longévité. Les élans impérialistes devenant la marque d'une vitalité. Erreur tragique. Cette vision tronquée participe à l'émergence d'une défiance infondée à l'égard des principes libéraux : « Si nous étions si puissants, nous devrions être plus grands. Si nos ennemis croissent en taille et en influence, c'est que nous sommes entrés en décadence. » Réflexion biaisée aux conséquences dramatiques, car ce désir d'expansion est justement la marque d'une faiblesse. L'absence de visées impérialistes, de sotériologie politique, de grandes promesses ; bref, la fin de l'attente dans les lendemains qui chantent ne traduit pas un manque de vitalité, mais le signe d'une grande santé.

Parce qu'elles demeurent l'unique endroit au monde qui traite les hommes en adultes et se refuse à taire le moindre mal qui lui résiste, les sociétés occidentales sont incomparables, dans le temps comme dans l'espace. Leur victoire ne tient pas à un quelconque succès idéologique ou à leur puissance hégémonique – elles en ont fini avec ces délires infantiles. Quand bien même il ne devrait en subsister qu'une poignée, menacées de toute part, elles n'en seraient pas moins victorieuses d'avoir été les seules à rendre possible une vie harmonieuse entre des hommes reconnus comme égaux, libres, et délivrés de toutes les croyances qui ankylosent les sociétés alternatives condamnées à l'autoritarisme.

Une victoire sans illusion ni hybris, c'est reconnaître qu'on a beau avoir gagné, le perdant n'en deviendra pas meilleur. Rien ne changera vraiment dans le voisinage immédiat ou lointain des havres occidentaux. Et pire encore, l'allogène fera toujours de sa défaite l'alibi d'une future conquête. On ne convaincra pas. Pas plus l'excité du divin que l'obsédé de l'empire. L'amoureux de l'ordre comme l'anarchiste guevariste, le néo-tsariste comme le communiste, version soviétique ou bureaucratie céleste, sont simplement allés trop loin dans les délires idéologiques pour accepter qu'on ne bénéficie jamais des principes occidentaux à moitié : pour jouir *du progrès, de la prospérité et de la santé*, il faut prendre tout le paquet : liberté, égalité, fraternité, soit *une démocratie et un marché*.

Et accepter que rien de cela ne serait possible sans le reniement préalable de toute idée qui ne ferait pas de l'individu le seul et unique absolu. Que cela nourrisse un ressentiment généralisé à l'égard de l'Occident ne doit pas un être souci pour les Occidentaux. Cela n'entame pas la légitimité de leur modèle ni ne menace son existence. C'est à ceux qui le récusent au nom de son inadéquation avec leurs propres principes de s'interroger et de faire leur examen de conscience.

L'Occident quant à lui n'a rien à craindre ni à se reprocher. Tant qu'il ne cherche pas à s'imposer et ne promet rien d'autre que ce qu'il est, il ne se reniera pas et demeurera la plus avancée des formes de la civilité. Horizon inaccessible pour certains, déjà atteint pour d'autres. Toujours décevant, menacé souvent. Envié de chacun et épié par tous. Centre des attentions autant que cible des détestations. Lumière vers laquelle les regards sont tournés. Point de repère et de comparaison. Cœur de l'humanité enfin. C'est tout cela, la victoire de l'Occident. Et qu'importe ce qu'en pensent les malheureux qui le critiquent ou l'attaquent. Tant qu'il en sera ainsi, qu'il restera le mètre-étalon de toute civilisation, soit tant qu'il existera en son sein quelques valeureux pour assumer son génie, sa victoire sera éternelle.

Remerciements

Merci à Muriel Beyer et Séverine Courtaud pour leur confiance, à Marc Decoudun pour son enthousiasme et son dévouement, à Thierry Paillard et Guillaume Müller-Labé pour leur relecture attentive et leurs remarques pertinentes. Avec vous, l'Observatoire n'est pas seulement une maison d'édition, mais un foyer pour la pensée.

Merci à Karin qui sait voir les contradictions dans chacun de mes propos, à Nicolas et Pierre-Henri, sans qui ce sujet me serait resté inconnu. Merci à Jeanne et Thomas pour leur patience. Le prochain sera pour vous.

Références bibliographiques

Ouvrages essentiels

ACEMOĞLU Daron & ROBINSON James A., *Why Nations Fail : The Origins of Power, Prosperity and Poverty*, Crown Publishers, Random House, 2012.

ARON Raymond, *Paix et guerre entre les nations*, Calmann-Lévy, 2004

BAVEREZ Nicolas, *Démocraties contre empires autoritaires. La liberté est un combat*, Éditions de l'Observatoire, 2023.

BENNET Oliver, *Cultural Pessimism : Narratives of Decline in the Postmodern World*, Edinburgh University Press, 2001.

BERLIN Isaiah, *Le Bois tordu de l'humanité* (1959), Albin Michel, 1992.

BOUZOU Nicolas, *La Civilisation de la peur. Pourquoi et comment avoir encore confiance dans l'avenir*, XO Éditions, 2024.

Bruckner Pascal, *Je souffre donc je suis. Portrait de la victime en héros*, Grasset, 2024.
Cowen Tyler, *The Great Stagnation*, Dutton, 2011.
Davies Stephen, *The Wealth Explosion : The Nature and Origins of Modernity*, Edward Everett Root, 2019.
Debray Régis, *Civilisation. Comment nous sommes devenus américains*, Gallimard, Folio essais, 2017.
—, *Éloge des frontières*, Gallimard, 2010.
Dostoïevski Fiodor, *Les Frères Karamazov*, Gallimard, « Bibliothèque de la Pléiade », 1952.
Eco Umberto, *Reconnaître le fascisme* (1997), Grasset, « Les Cahiers rouges », 2024.
Elias Norbert, *La Dynamique de l'Occident* (1939), Pocket, « Agora », 2003.
Eltchaninoff Michel, *Dans la tête de Vladimir Poutine*, Actes Sud, 2015.
Festinger Leon, Riecken Henry W. & Schachter Stanley, *L'Échec d'une prophétie* (1956), Presses universitaires de France, 2022.
Fukuyama Francis, *La Fin de l'histoire et le Dernier Homme*, Flammarion, « Champs essais », 1992.
—, *Political Order and Political Decay : From the Industrial Revolution to the Globalization of Democracy*, Farrar, Straus & Giroux, 2014.
—, *Libéralisme. Vents contraires*, Éditions Saint-Simon, 2023.

Gauchet Marcel, *La Condition historique*, Éditions Stock, 2003.

Gavin Francis J., *The Taming of Scarcity and the Problems of Plenty. Rethinking International Relations and American Grand Strategy in a New Era*, International Institute for Strategic Studies, 2024.

Gorokhova Elena, *A Mountain of Crumbs : A Memoir*, Simon & Schuster, 2011.

Hayek Friedrich, *Droit, législation et liberté* (1973, 1976, 1979), Presses universitaires de France, 2e éd. « Quadrige », 2013.

Higashijima Masaaki, *The Dictator's Dilemma at the Ballot Box. Electoral Manipulation, Economic Maneuvering and Political Order in Autocracies*, University of Michigan Press, 2022.

Hugo Victor, *Notre-Dame de Paris* (1831), Pocket, 1998.

Kaplan Robert D., *The Tragic Mind, Fear, Fate, and the Burden of Power*, Yale University Press, 2023.

Kessel Joseph, *Reportages en Israël*, Arthaud, 2021.

Martuccelli Danilo, *La Condition sociale moderne. L'avenir d'une inquiétude*, Gallimard, Folio essais, 2017.

McCloskey Deirdre, *Bourgeois Equality : How Ideas, Not Capital or Institutions, Enriched the World*, University of Chicago Press, 2016.

Mounk Yascha, *Le Piège de l'identité. Comment une idée progressiste est devenue une idéologie mortifère*, Éditions de l'Observatoire, 2023.

NEMO Philippe, *Qu'est-ce que l'Occident ?*, Presses universitaires de France, « Quadrige », 2004.

PÉGUY Charles, *Notre jeunesse* (1910), Gallimard, « Folio essais », 1993.

POPPER Karl, *La Société ouverte et ses ennemis* (1945), Seuil, 1979.

PROUST Marcel, *À la recherche du temps perdu, Du côté de chez Swann*, Grasset, 1914.

QUENTIN Abel, *Le Voyant d'Étampes*, Éditions de l'Observatoire, 2021.

RAND Ayn, *Return of the Primitive : The Anti-Industrial Revolution* (1971), Penguin Publishing Group, 1999.

RAWLS John, *Théorie de la justice*, Seuil, 1987.

RITCHIE Hannah, *Not the End of the World*, Chatto & Windus, 2024.

ROSANVALLON Pierre, *Le Siècle du populisme. Histoire, théorie, critique*, Seuil, 2020.

ROSSET Clément, *Loin de moi. Étude sur l'identité*, Les Éditions de Minuit, 1999.

SAY Jean-Baptiste, *Cours complet d'économie politique pratique* (1828), AD Wahlen, 1844.

SERRES Michel, *Le Gaucher boiteux. Figures de la pensée*, Le Pommier, 2014.

SHALMANI Abnousse, *Laïcité, j'écris ton nom*, Éditions de l'Observatoire, 2024.

TAVOILLOT Pierre-Henri, *Comment gouverner un peuple roi ? Traité nouveau d'art politique*, Odile Jacob, 2019.

TOCQUEVILLE Alexis de, *De la démocratie en Amérique*, t. II. (1840), Gallimard, « Folio histoire », 1999.

VALÉRY Paul, *Cahiers. Tome II*, Gallimard, « Bibliothèque de la Pléiade », 1974.

VICO Giambattista, *La Science nouvelle* (1725), Gallimard, 1993.

VOLTAIRE, *Traité sur la tolérance*, 1763.

WALDFOGEL Joef, *Digital Renaissance : What Data and Economics Tell Us About the Future of Popular Culture*, Princeton University Press, 2018.

ZWEIG Stefan, *Le Monde d'hier* (1942), Gallimard, « Folio essais », 2013.

Ouvrages défaitistes

BARDHAN Pranab, *A World of Insecurity : Democratic Disenchantment in Rich and Poor Countries*, Harvard University Press, 2022.

BURNHAM James, *Suicide of the West : An Essay on the Meaning and Destiny of Liberalism*, Encounter Books, 1964.

DAKHLI Leyla (dir.), *L'Esprit de révolte*, Seuil, 2020.

DOUTHAT Ross, *Bienvenue dans la décadence*, Presses de la Cité/Perrin, 2024.

EHRLICH Paul, *The Population Bomb*, Ballantine Book, 1968.

GEORGESCU-ROEGEN Nicholas, *The Entropy Law and the Economic Process*, Harvard University Press, 1971.
HUNTINGTON Samuel P., *Le Choc des civilisations* (1996), Odile Jacob, 2000.
MISHRA Pankaj, *The Age of Anger : A History of the Present*, Farrar, Straus & Giroux, 2017.
SPENGLER Oswald, *Le Déclin de l'Occident I et II : Esquisse d'une morphologie de l'histoire universelle* (1922), Gallimard, 1948.
TODD Emmanuel, *La Défaite de l'Occident*, Gallimard, 2024.
WOLF Martin, *The Crisis of Democratic Capitalism*, Penguin Press, 2023.

Articles scientifiques et rapports

ACEMOĞLU Daron, « The Simple Macroeconomics of AI », *NBER*, WP 32487, 2024.
—, « Democracy, Redistribution, and Inequality », dans *Handbook of Income Distribution* (vol. 2), 1885-1966, 2015.
ACEMOĞLU Daron, NAIDU Suresh, RESTREPO Pascual & ROBINSON James A., « Democracy Does Cause Growth », *Journal of Political Economy*, 127 (1), p. 47-100, 2019.
AGHION Philippe, BERGEAUD Antonin, BOPPART Timo, KLENOW Peter J. & LI Huiyu, « Missing Growth from Creative Destruction », *American Economic Review*, 109 (8), 2019, p. 2795-2822.

AGHION Philippe, BERGEAUD Antonin, BOPPART Timo & BUNEL Simon, « Firm Dynamics and Growth Measurement in France », *Journal of the European Economic Association*, 16 (4), p. 933-956, 2018.

ALTMAN David, ROJAS DE GALARRETA Federico & URDINEZ Francisco, « An Interactive Model of Democratic Peace », *Journal of Peace Research*, 58 (3), p. 384-398, 2020.

BECK Ulrich, « Comprendre l'Europe telle qu'elle est », *Le Débat*, 2 (129), p. 67-75, 2004.

BECKER Sascha O. & WOESSMANN Ludger, « Was Weber Wrong ? A Human Capital Theory of Protestant Economic History », *The Quarterly Journal of Economics*, 124 (2), p. 531-596, 2009.

BOESE Vanessa A., LUNDSTEDT Martin, MORRISON Kelly *et al.*, « State of the World 2021 : Autocratization Changing its Nature ? », *Democratization*, 29 (6), p. 983-1013, 2022.

BOESE Vanessa A., ALIZADA Nazifa, LUNDSTEDT Martin *et al.*, « Autocratization Changing Nature ? », *V-Dem Democracy Report*, 2022.

BOLLYKY Thomas J., TEMPLIN Tara, COHEN Matthew *et al.*, « The Relationships between Democratic Experience, Adult Health, and Cause-Specific Mortality in 170 Countries between 1980 and 2016 : An Observational Analysis », *The Lancet*, 393 (10181), p. 1628-1640, 2019.

BUENO DE MESQUITA Bruce, MORROW James D., SIVERSON Randolph M. & SMITH Alastair,

« Political Competition and Economic Growth, *Journal of Democracy*, 12 (1), p. 58-72, 2001.

CAHN Alexandra & HURST Kiley, « Americans Are More Pessimistic than Optimistic about Many Aspects of the Country's Future », Pew Research Center, 18 septembre 2023.

CHOI Kahyun & DOWNIE Stephen J., « A Trend Analysis on Concreteness of Popular Song Lyrics », dans *6th International Conference on Digital Libraries for Musicology*, p. 43-52, 2019.

COPPEDGE Michael, GERRING John, ALTMAN David *et al.* « Conceptualizing and Measuring Democracy : A New Approach », *Perspectives on Politics*, 9 (2), p. 247-267, 2013.

CORINTH Kevin & LARRIMORE Jeff, « Has Intergenerational Progress Stalled ? Income Growth over Five Generations of Americans », *Finance and Economic Discussion Series, 2024-007*, Board of Governors at the Federal Reserve System, 2024.

CZARNITZKI Dirk, FERNANDEZ Gaston P. & RAMMER Christian, « Artificial Intelligence and Firm-Level Productivity », *Journal of Economic Behavior & Organization*, 211, p. 188-205, 2023.

DAHLUM Sirianne & KNUTSEN Carl Henrik, « Do Democracies Provide Better Education ? Revisiting the Democracy-Human Capital Link », *World Development*, 94, p. 186-199, 2017.

DATTA Monti Narayan & BALES Kevin, « Slavery is Bad for Business : Analyzing the Impact of Slavery on National Economies », *Brown Journal of World Affairs*, 19 (2), p. 205-223, 2013.

DE VRIES Catherine E. & HOFFMANN Isabell, *The Optimism Gap : Personal Complacency versus Societal Pessimism in European Public Opinion*, Eupinions, 28 mai 2020.

DEWALL Nathan C., POND Richard S., CAMPBELL Keith W. & TWENGE Jean M., « Tuning in to Psychological Change : Linguistic Markers of Psychological Traits and Emotions over Time in Popular U.S. Song Lyrics », *Psychology of Aesthetics, Creativity, and the Arts*, 5 (3), p. 200-207, 2011.

DING Iza & SLATER Dan, « Democratic Decoupling », *Democratization*, 28 (1), p. 63-80, 2021.

European Commission, *Public Opinion in the European Union*, 2013.

FALLON Kathleen M., SWISS Liam & VITERNA Jocelyn, « Resolving the Democracy Paradox : Democratization and Women Legislative Representation in Developing Nations, 1975 to 2009, *American Sociological Review*, 77 (3), p. 380-408, 2012.

FERRY Jean-Marc, « Quelle Europe chrétienne ? », *Esprit*, n° 310, décembre 2004.

FLORES Thomas Edward & NOORUDDIN Irfan, *Elections in Hard Times : Building Stronger*

Democracies in the 21st Century, Cambridge University Press, 2016.

Gallup, *Gallup Poll Social Series : Governance*, 2015.

Godet Fanny, « Écart de salaire entre femmes et hommes en 2022 », *Insee Focus*, n° 320, 2024.

Harding Robin & Stasavage David, « What Democracy Does (and Doesn't Do) for Basic Services : School Fees, School Inputs, and African Elections », *The Journal of Politics*, 76 (1), p. 229-245, 2014.

Hegre Havard, « Gravitating toward War : Preponderance May Pacify, but Power Kills », *Journal of Conflict Resolution*, 52 (4), p. 566-589, 2008.

—, « Democracy and Armed Conflict », *Journal of Peace Research*, 51 (2), p. 159-172, 2014.

Helliwell John F., Layard Richard, Sachs Jeffrey D., De Neve Jan-Emmanuel, Aknin Lara B. & Wang Shun (dir.), *World Happiness Report 2024*, University of Oxford, Wellbeing Research Centre, 2024.

Highhouse Cole Henry, « China Content on TikTok : The Influence of Social Media Videos on National Image », *Online Media and Global Communication*, 1 (5), p. 697-722, 2022.

Hornbeck Richard & Logan Trevon, « One Giant Leap : Emancipation and Aggregate Economic Gains », *NBER*, WP 31758, 2023.

Ilo, *Global Estimates of Modern Slavery : Forced Labour and Forced Marriage*, 2022.

IMAI Kosuke & LO James, « Robustness of Empirical Evidence for Democratic Peace : A Nonparametric Sensitivity Analysis », *International Organization*, 75, p. 901-919, 2021.

LAI Cameron, TORIUMI Fujio & YOSHIDA Mitsuo, « A Multilingual Analysis of Pro-Russian Misinformation on Twitter during the Russian Invasion of Ukraine », *Scientific Reports*, 14, n° 10155, 2024.

LAKNER Christoph & MILANOVIC Branko, « Global Income Distribution : From the Fall of the Berlin Wall to the Great Recession », *World Bank Economic Review*, 30 (2), p. 203-232, 2016.

LEVARI David E., GILBERT Daniel T., WILSON Timothy D., SIEVERS Beau, AMODIO David M. & WHEATLEY Thalia, « Prevalence-Induced Concept Change in Human Judgement », *Science*, 360 (6396), p. 1465-1467, 2018.

LINVILL Darren L., « Troll Factories : Manufacturing Specialized Disinformation on Twitter », *Political Communication*, 37 (4), p. 447-467, 2020.

LUKITO Josephine, SUK Jiyoun, WELLS Chris *et al.*, « The Wolves in Sheep's Clothing : How Russia's Internet Research Agency Tweets Appeared in the U.S. News as Vox Populi », *The International Journal of Press/Politics*, 25 (2), p. 196-216, 2020.

MAES Margot, THIELEMANS Gert & TRETYAKOVA Ekaterina, « Does Divorce Penalize Elderly Fathers in Receiving Help from Their Children ? Evidence from Russia », dans Dimitri MORTELMANS (dir.), *Divorce in Europe : New Insights in Trends, Causes and Consequences of Relation Break-ups*, European Studies of Population 21, Springer Open, p. 167-182, 2020.

MATTINGLY Daniel, INCERTI Trevor, JU Changwook, MORESHEAD Colin, TANAKA Seiki & YAMAGISHI Hikaru, « Chinese State Media Persuades a Global Audience That the 'China Model' Is Superior : Evidence From a 19-Country Experiment », *American Journal of Political Science*, à paraître.

MASTROIANNI Adam M. & GILBERT Daniel T., « The Illusion of Moral Decline », *Nature*, 618 (7966), p. 782-787, 2023.

MILANOVIC Branko, « The Three Eras of Global Inequality, 1820-2020 with the Focus on the Past Thirty Years », *World Development*, 177, n° 106516, 2024.

—, « The Great Convergence : Global Equality and Its Discontents », *Foreign Affairs*, 102, p. 78-91, 2023.

MURSHED Syed Mansoob, BERGOUGUI Brahim, BADIUZZMAN Muhammad & PULOK Mohammad Habibullah, « Fiscal Capacity, Democratic Institutions and Social Welfare Outcomes in Developing Countries », *Defense and Peace Economics*, 33 (3), p. 280-305, 2020.

O'Donnell Guillermo A., « The Perpetual Crises of Democracy », *Journal of Democracy*, 18 (1), p. 5-11, 2007.

Open Society Foundations, *Fault Lines : Global Perspectives on a World in Crisis*, 2022.

Pande Rohini, « Can Democracy Work for the Poor ? », *Science*, 369 (6508), p. 1188-1192, 2020.

Parada-Cabaleiro Emilia, Mayerl Maximilian, Brandl Stefan *et al.*, « Song Lyrics Have Become Simpler and More Repetitive over the Last Five Decades », *Scientific Reports*, 14, n° 5531, 2024.

Paxton Pamela & Kunovich Sheri, « Women's Political Representation : The Importance of Ideology », *Social Forces*, 82 (1), p. 87-113, 2003.

Pew Research Center, *The Age Gap in Religion Around the World*, 2018.

Ray James Lee, « Wars between Democraties : Rare, or Nonexistent ? », *Empirical and Theoretical Research in International Relations*, 18 (3), p. 251-276, 1993.

Rehm Jürgen, Shield Kevin D., Bunova Anna *et al.*, « Prevalence of Alcohol Use Disorders in Primary Health-Care Facilities in Russia in 2019 », *Addiction*, 117 (6), p. 1640-1646, 2022.

Reynié Dominique (dir.), *2011, la jeunesse du monde. Une enquête planétaire de la Fondation pour l'innovation politique*, Fondapol, 2011.

SCHEPPELE Kim Lane, « How Viktor Orbán Wins », *Journal of Democracy*, 33 (3), p. 45-61, 2022.

SILVER Laura, « Populists in Europe – Especially Those on the Right – Have Increased Their Vote Shares in Recent Elections », Pew Research Center, 6 octobre 2022.

VARNUM Michael E., KREMS Jaimie Arona, MORRIS Colin, WORMLEY Alexandra & GROSSMAN Igor, « Why Are Song Lyrics Becoming Simpler ? A Time Series Analysis of Lyrical Complexity in Six Decades of American Popular Music », *PLoS ONE*, 16 (1), e0244576, 2021.

WACHTER Robert M. & BRYNJOLFSSON Erik, « Will Generative Artificial Intelligence Deliver on Its Promise in Health Care ? », *JAMA*, 331 (1), p. 65-69, 2024.

WANG Yi-Ting, MECHKOVA Valeriya & ANDERSSON Frida, « Does Democracy Enhance Health ? New Empirical Evidence 1900-2012 », *Political Research Quarterly*, 72 (3), p. 554-569, 2019.

ZAGREBINA Anna, « Attitudes towards Gender Equality : Does Being a Democracy Matter ? », *Comparative Sociology*, 19 (3), p. 305-334, 2020.

ZAHLAN Ahmed, RANJAN Ravi Prakash & HAYES David, « Artificial Intelligence Innovation in Healthcare : Literature Review, Exploratory Analysis, and Future Research », *Technology in Society*, 74, n° 102321, 2023.

Table

DEUXIÈME PARTIE

L'ÉTERNELLE INSATISFACTION

LES FAIBLESSES DE L'OCCIDENT FONT SA FORCE

TROISIÈME PARTIE

LE FARDEAU DE LA VICTOIRE

ON N'ABDIQUE PAS L'HONNEUR D'ÊTRE UNE CIBLE

Composition et mise en pages
Nord Compo à Villeneuve-d'Ascq

PEFC
10-31-3532
Certifié PEFC
Ce produit est issu de forêts gérées durablement, de sources recyclées et contrôlées
www.pefc-france.org

Imprimé en France sur papiers
issus de forêts gérées durablement

Sepec Numérique

1, rue de Prony - ZA des Bruyères
01960 Peronnas

IMPRIM'VERT®

Achevé d'imprimer en janvier 2025
Numéro d'impression : N17932241250